Infographie : Luisa da Silva

Les photos de ce livre sont de :
IStock : 15, 16, 67, 143, 196, 217, 234
Shutterstock : 30, 37, 38, 48, 68, 84, 92, 102, 114, 132, 144, 163, 164, 174, 184, 206, 218, 226, 233, 248
Joëlle Tremblay : 6, 195, 245, 246

Catalogage avant publication de Bibliothèque et Archives nationales du Québec et Bibliothèque et Archives Canada

Vallières, Suzanne

Les psy-trucs : pour les enfants de 3 à 6 ans

(Parents aujourd'hui)
Comprend des réf. bibliogr.

ISBN 978-2-7619-2577-8

1. Éducation des enfants. 2. Enfants d'âge préscolaire – Psychologie. I. Titre. II. Collection : Parents aujourd'hui.

HQ774.5.V342 2009   649'.123   C2009-940011-1

Gouvernement du Québec – Programme de crédit d'impôt pour l'édition de livres – Gestion SODEC –
www.sodec.gouv.qc.ca

L'Éditeur bénéficie du soutien de la Société de développement des entreprises culturelles du Québec pour son programme d'édition.

Le Conseil des Arts du Canada
The Canada Council for the Arts

Nous remercions le Conseil des Arts du Canada de l'aide accordée à notre programme de publication.

Nous reconnaissons l'aide financière du gouvernement du Canada par l'entremise du Programme d'aide au développement de l'industrie de l'édition (PADIÉ) pour nos activités d'édition.

09-09

© 2009, Les Éditions de l'Homme,
division du Groupe Sogides inc.,
filiale du Groupe Livre Quebecor Media inc.

Tous droits réservés

Dépôt légal : 2009
Bibliothèque et Archives nationales du Québec

ISBN 978-2-7619-2577-8

DISTRIBUTEURS EXCLUSIFS :

- Pour le Canada et les États-Unis :
  MESSAGERIES ADP*
  2315, rue de la Province
  Longueuil, Québec J4G 1G4
  Tél. : 450 640-1237
  Télécopieur : 450 674-6237
  * filiale du Groupe Sogides inc.,
    filiale du Groupe Livre Quebecor Media inc.

- Pour la France et les autres pays :
  INTERFORUM editis
  Immeuble Paryseine, 3, Allée de la Seine
  94854 Ivry CEDEX
  Tél. : 33 (0) 1 49 59 11 56/91
  Télécopieur : 33 (0) 1 49 59 11 33
  Service commandes France Métropolitaine
  Tél. : 33 (0) 2 38 32 71 00
  Télécopieur : 33 (0) 2 38 32 71 28
  Internet : www.interforum.fr
  Service commandes Export – DOM-TOM
  Télécopieur : 33 (0) 2 38 32 78 86
  Internet : www.interforum.fr
  Courriel : cdes-export@interforum.fr

- Pour la Suisse :
  INTERFORUM editis SUISSE
  Case postale 69 – CH 1701 Fribourg – Suisse
  Tél. : 41 (0) 26 460 80 60
  Télécopieur : 41 (0) 26 460 80 68
  Internet : www.interforumsuisse.ch
  Courriel : office@interforumsuisse.ch
  Distributeur : OLF S.A.
  ZI. 3, Corminboeuf
  Case postale 1061 – CH 1701 Fribourg – Suisse
  Commandes : Tél. : 41 (0) 26 467 53 33
  Télécopieur : 41 (0) 26 467 54 66
  Internet : www.olf.ch
  Courriel : information@olf.ch

- Pour la Belgique et le Luxembourg :
  INTERFORUM editis BENELUX S.A.
  Fond Jean-Pâques, 6
  B-1348 Louvain-La-Neuve
  Téléphone : 32 (0) 10 42 03 20
  Fax : 32 (0) 10 41 20 24
  Internet : www.interforum.be
  Courriel : info@interforum.be

Pour en savoir davantage sur nos publications,
visitez notre site : **www.edhomme.com**
Autres sites à visiter : www.edjour.com
www.edtypo.com • www.edvlb.com
www.edhexagone.com • www.edutilis.com

SUZANNE VALLIÈRES

Les Psy-trucs

pour les enfants de 3 à 6 ans

Remerciements

Tout d'abord, je veux remercier mes enfants,
Gabrielle, Louis-Alexandre et Antoine
pour leur patience et leur grande compréhension
tout au long de l'élaboration de ce livre.
Vous êtes ma plus belle source d'inspiration !

Un merci très particulier à mon conjoint Michel
pour sa grande implication au cours de l'écriture
de ce livre. Merci pour cette complicité partagée dans
ce projet. Ton soutien et ta précieuse collaboration
viennent sans contredit bonifier ce livre.

À mes parents, Réjean et Rollande

*Grâce à vous, ma petite enfance
est remplie de souvenirs inoubliables.
Vous m'avez offert ce dont tout enfant a besoin
pour s'accomplir dans la vie : de l'amour à profusion
et un soutien incommensurable.*

C'est l'heure de l'histoire !

Susciter le goût de la lecture

> **Les questions que tout parent se pose :**
>
> * À quel âge doit-on introduire la lecture au quotidien ?
> * Quels sont les bienfaits de la lecture ?
> * Comment favoriser le goût de la lecture ?

La lecture avec maman ou papa est une des activités les plus riches qui soient sur le plan affectif. Plusieurs se souviennent encore de ces moments privilégiés, en journée, après le bain ou avant de faire dodo, pendant lesquels nous étions confortablement installés, tout collés, à écouter ces histoires qui nous émerveillaient tant ! Pas étonnant que nous en voulions toujours encore ! Ces moments magiques alimentaient notre monde imaginaire si fascinant et développaient, sans que l'on s'en rende vraiment compte, notre intérêt pour cette activité qui constitue une des bases importantes de la réussite scolaire : la lecture !

À quel âge doit-on introduire la lecture au quotidien ?

Il est prouvé que la lecture a des effets bénéfiques chez les enfants dès le bas âge (3-6 mois) avec l'introduction des livres-jouets ou ce qu'on appelle aussi les « bébé-livres » (qui sont remplis de couleurs, de textures et de formes stimulantes). Puis viennent les livres de mots (les imagiers) ainsi que les petits livres d'histoires très courtes (avec quelques lignes de texte par page) qui évolueront par la suite selon l'âge de notre enfant. Faire la lecture à notre enfant en utilisant ainsi des livres adaptés à son groupe d'âge lui permet de découvrir peu à peu le monde qui l'entoure tout en stimulant sa perception visuelle et auditive, en développant sa capacité d'attention et de raisonnement et en enrichissant son vocabulaire.

« C'est l'heure de l'histoire ! »

La lecture est donc une activité à introduire très tôt dans le quotidien de notre enfant. Il est souhaitable de faire preuve de persévérance et de faire tous les efforts pour préserver cette habitude pour bien des années... même lorsque notre enfant sait lire ! Nous lui permettons ainsi d'être régulièrement mis en contact avec les livres, lesquels feront éventuellement partie intégrante de son univers, au même titre que les autres jeux ou jouets. Vous aurez alors votre récompense le jour où il aura acquis le goût et l'habitude de lire par lui-même !

Bien que la plupart d'entre nous en soyons conscients, il est parfois difficile d'avoir la rigueur, la patience et l'énergie de lire une histoire quotidiennement, surtout après une longue journée de travail et une soirée bien remplie avec le souper et le rattrapage des tâches journalières ! Il est par contre reconnu que la meilleure façon d'y parvenir est de l'incorporer dans la « routine du dodo ». C'est un moment de la journée associé au repos, à la détente, et qui nous demande de toute façon un minimum d'accompagnements. Pourquoi ne pas ajouter quelques minutes de lecture à ce petit rituel qui deviendra ainsi une petite pause-détente, pour nous aussi ?

Quels sont les bienfaits de la lecture ?

Les bienfaits de la lecture ne sont plus à prouver. Ces moments privilégiés entre parent et enfant ont une grande valeur affective et deviennent une source d'éveil et de stimulation dans un climat de détente et de réconfort si agréable. La lecture est importante pour le développement personnel, affectif et intellectuel de l'enfant en plus d'être un gage de réussite scolaire.

Développement personnel

Les livres constituent un autre moyen pour les enfants de découvrir le monde qui les entoure et de façonner leur propre identité dans cet environnement. Les histoires peuvent être un moyen de passer certains

Les psy-trucs de 3 à 6 ans

messages ou de confirmer à l'enfant certaines situations, sentiments ou émotions qu'il ressent dans son quotidien et l'aider à les surmonter : arrivée d'un petit frère ou sœur, entrée à l'école, peur des monstres... L'enfant se reconnaît et s'identifie à travers les différents personnages présentés. Cela lui permet de comprendre et de vivre diverses émotions, peurs, craintes... Il n'est guère surprenant que les contes fassent partie des principales activités présentées à la maternelle quotidiennement !

Les histoires permettent également aux enfants de susciter leur monde imaginaire dans lequel ils puisent les éléments servant à façonner leur propre identité. L'enfant s'identifie alors aux personnages ou héros qu'il prend un malin plaisir à personnifier, à imiter : je suis un chevalier, je suis une princesse...

Développement affectif

La lecture permet de créer un moment de complicité et de réconfort parent-enfant très riche (on est près de lui, couché à ses côtés). Si elle est intégrée quotidiennement dans la routine de l'enfant (après le bain, avant le dodo), la lecture devient un bon moyen d'entretenir le lien d'attachement et de développer cette relation affective si importante.

Développement intellectuel

La lecture est non seulement une activité agréable, mais elle constitue une source d'apprentissage exceptionnelle. Elle devient une voie de stimulation motivante et elle présente de nombreux avantages pour le développement intellectuel de l'enfant en permettant de :

« C'est l'heure de l'histoire ! »

* stimuler sa perception visuelle et auditive ;
* développer sa capacité d'attention ;
* favoriser l'acquisition du langage ;
* apprendre à écouter ;
* favoriser sa capacité de raisonnement et de compréhension ;
* enrichir le vocabulaire ;
* développer sa créativité, son imagination.

Gage de réussite scolaire !

Les bénéfices académiques ne sont plus à prouver : plus un enfant aura été stimulé par la lecture entre 0 et 5 ans, plus il aura de la facilité à lire et à écrire à l'école. D'ailleurs, les fervents de lecture ont souvent de la facilité en français !

L'enfant qui associe très tôt la lecture à quelque chose d'agréable devient naturellement attiré vers les livres. Il sera éventuellement intéressé (ou, du moins, sera moins rébarbatif) à toute activité qui y est reliée... dont l'école !

Cela constitue donc un bon départ vers la réussite scolaire !

Ce qui est merveilleux avec la lecture, c'est qu'elle constitue une activité, une source de détente que l'on peut apporter partout avec nous : en auto, chez grand-maman, en voyage... Lorsqu'on aime lire, on ne s'ennuie jamais !

Raconter des histoires à nos enfants au quotidien : voilà donc le défi que tout parent devrait essayer de relever.

Comment favoriser le goût de la lecture ?

La meilleure façon est évidemment de commencer très tôt à faire la lecture à notre enfant, et ce, quotidiennement. Nous devons également avoir une attitude positive face à la lecture. Voici d'autres petits conseils afin de susciter son intérêt.

* Choisissez des livres de son groupe d'âge (avec des images...).
* Choisissez le bon moment pour faire la lecture : lorsque votre enfant est détendu, sans source de distraction (comme la télévision ou les activités du grand frère ou de la petite sœur !). La lecture avant le dodo est particulièrement appropriée.
* Faites des pauses télé ou jeux vidéo. Ces pauses permettent de changer le rythme et laissent à votre enfant le loisir de vaquer à d'autres activités comme le dessin, les jeux de société et... la lecture ! Évitez par contre de faire un lien direct (qui peut être perçu négativement) : « Bon, ferme la télévision, c'est assez pour la journée. On va lire une histoire maintenant ! »
* Faites une lecture active et dynamique. Prenez une voix différente pour chaque personnage et impliquez l'enfant dans la lecture. « Qu'est-ce que va faire le chevalier maintenant ? » « Est-ce que tu penses que le roi aime ça ? » Ces interventions risquent de susciter son intérêt puisqu'il se sentira dans l'action.
* Ayez un grand choix de livres et laissez-lui choisir le type de livre qui l'intéresse (même si vous l'avez déjà lu trois fois !). Procurez-lui des livres sur ce qu'il affectionne particulièrement (histoires d'animaux, de chevaliers...). Le but est de lire, tout simplement.
* Allez à la bibliothèque. C'est un monde fascinant qui s'ouvre devant eux ! Notre enfant aura ainsi l'occasion de découvrir de nombreux types de livres tous plus stimulants les uns que les autres et risque même d'avoir de la difficulté à choisir !
* Laissez les livres à sa portée. Les livres devraient toujours être en vue et accessibles, ce qui l'encouragera ou le stimulera à les consulter quand bon lui semblera.
* Montrez l'exemple et lisant en sa présence et en démontrant à votre enfant que la lecture est une activité plaisante.

« C'est l'heure de l'histoire ! »

- ✱ Faites la lecture au rythme de l'enfant. Laissez-lui fixer la cadence (s'il souhaite passer peu de temps sur une page ou s'attarder sur une autre). Ne le forcez pas non plus à terminer son livre.
- ✱ Si votre enfant ne s'intéresse pas aux livres ou ne veut pas faire de lecture, ne le forcez pas. Il faut que la lecture demeure une activité positive. Il ne faut pas que cela devienne une activité « obligée » et presque chronométrée sans quoi il s'y désintéressera. Réessayez avec d'autres genres de livres ou faites d'autres tentatives un peu plus tard ou une autre fois, c'est tout !
- ✱ Racontez-lui des histoires, même lorsqu'il sait lire. Cela favorise ses propres capacités de lecture.
- ✱ Ne faites pas de cette activité un exercice d'apprentissage (par exemple, en lui posant toujours des questions après la lecture pour vérifier s'il a compris l'histoire !). Cela risque d'alourdir ce moment et de réduire son intérêt face à la lecture. Il faut toujours que la lecture soit faite dans un contexte de plaisir tout comme le serait tout autre jeu !

Notre rôle est donc de faire en sorte que la lecture soit perçue comme une activité plaisante et qu'elle soit intégrée dans la vie de notre enfant (idéalement, dans la routine du dodo). En plus d'être bénéfique en tout point, ces petits moments d'intimité et de confort avec notre enfant nous permettent de partager, au fil des pages, des minutes de bonheur qui terminent si bien une journée et qui resteront gravées dans notre mémoire !

Les psy-trucs de 3 à 6 ans

Les psy-trucs

1. Commencer en bas âge la lecture à notre enfant et l'intégrer *dans la routine quotidienne* (au dodo par exemple).
2. Prendre conscience que la lecture a de nombreux bienfaits. En plus de développer son intérêt pour les livres, elle augmente les chances de réussite scolaire. Plus un enfant aura été stimulé par la lecture entre 0 et 5 ans, plus il aura de la facilité à lire et à écrire à l'école.
3. Continuer de lui faire la lecture même lorsqu'il sait lire (jusqu'à la fin du primaire).
4. Aller à la bibliothèque régulièrement.
5. Avoir un grand choix de livres et le laisser choisir le type qui l'intéresse. Lui procurer des livres qui suscitent son intérêt (histoires d'animaux, de chevaliers...)
6. Laisser les livres à sa portée (en vue et accessibles par lui-même).
7. Si votre enfant ne s'intéresse pas aux livres ou ne veut pas faire de lecture, ne le forcez pas. Il faut que la lecture demeure une activité positive. Réessayez avec d'autres genres de livres ou faites d'autres tentatives un peu plus tard ou une autre fois, c'est tout !

Le « roi » de la maison ?

> ### Les questions que tout parent se pose :
> * Qu'est-ce qu'un « enfant-roi » ?
> * Comment devient-on un enfant-roi ?
> * Que faire pour éviter qu'il le devienne ?
> * Comment corriger la situation ?

Votre enfant fait des crises au magasin parce que vous lui refusez ce qu'il demande ? Il pleure ou se met en colère lorsque vous lui demandez d'aller se brosser les dents avant de se coucher ? Il refuse de porter les vêtements que vous avez choisis ? Vous êtes incapable de lui dire non sans argumenter avec lui pour finalement céder à ses désirs ? Serait-il un « enfant-roi » ?

Qu'est-ce qu'un enfant-roi ?

Selon la psychanalyste française Christiane Olivier, l'enfant-roi est :

> *Un enfant qui a pris le pouvoir dans sa propre maison et dont les désirs sont maîtres parce que les parents n'ont pas su faire passer leur loi en premier.*

Il s'agit donc d'un enfant pour lequel les limites n'ont pas bien été *expliquées* ou *appliquées* par les parents et qui croit par conséquent que tout lui est permis ou lui est dû. Le portrait type de l'enfant-roi est un enfant qui se sent et veut être la personne la plus importante et, par le fait même, exige des autres toute leur attention. C'est celui qui fait souvent des crises pour des riens (parce qu'on ne répond pas immédiatement à ses exigences du moment) et qui s'oppose régulièrement à l'autorité (par des sanglots, des crises, de la colère, etc.).

Voici quelques caractéristiques ou comportements que l'on peut retrouver chez l'enfant-roi :

Le « roi » de la maison ?

* Possède un sentiment de contrôle ou d'importance (voire de puissance).
* « Exige » ce qu'il désire avec impatience.
* N'aime pas se faire imposer des choses (accepte difficilement les consignes ou les règles, surtout celles qu'il n'aime pas !).
* Difficulté à accepter les délais (n'aime pas se faire dire d'attendre).
* Se frustre facilement (colère, crises, pleurs...).
* N'aime pas partager l'attention de ses parents avec d'autres (adultes ou enfants).
* Égocentrique et indifférent.
* Manque de respect (impolitesse envers les parents et les adultes en général).
* Refuse ou a beaucoup de difficulté à faire des compromis.
* Veut toujours être le centre d'attraction.
* Tendance à toujours vouloir avoir raison (il argumente beaucoup).
* Manipule son environnement (les gens qui l'entourent) pour obtenir ce qu'il veut.
* Se sent au même niveau que les adultes (dans leurs interventions, se mêle souvent de leurs discussions...).
* A tendance à croire que tout est permis, tout *lui* est permis.
* A parfois recours à la violence (physique ou verbale) pour obtenir ce qu'il veut.

Contrairement à la majorité des enfants qui auront, à un moment ou l'autre de leur développement, *certains* de ces comportements (sur une base temporaire), l'enfant-roi aura une forte tendance à les reproduire quotidiennement au point qu'ils fassent partie de son mode de vie.

Ces comportements ne sont évidemment pas très agréables et ces enfants n'attirent certainement pas la sympathie des adultes qui les côtoient. On les caractérise parfois comme des enfants capricieux, enfants terribles, mal élevés, enfants gâtés et même de « petits monstres », ce qui peut évidemment atteindre leur estime de soi et finir par les rendre malheureux.

Il est à noter que le phénomène de l'enfant-roi se retrouve plus souvent dans les familles peu nombreuses et plus particulièrement chez l'enfant unique ou chez le premier de la famille. Ce dernier aura obtenu l'exclusivité de l'attention de ses parents qui lui donnent parfois tous les droits et le comblent de tout ce qu'il désire!

Comment devient-on un enfant-roi ?

Les enfants qui développent ce profil sont souvent ceux à qui on donne tout sans retenue, ceux à qui on ne dit jamais non (avec constance) et qu'on laisse tout faire (avec peu d'interventions ou sans conséquences). Bref, c'est une affaire de parent! C'est le type d'éducation donnée à notre enfant qui peut faire en sorte qu'il devienne un enfant-roi. Voilà! La balle est lancée! Essayons maintenant de comprendre comment en arrive-t-on là!

Alors qu'auparavant les enfants devaient se faire progressivement une place dans la famille et la société (ils étaient même un peu mis de côté, en attendant qu'ils «deviennent quelqu'un»), ceux-ci sont devenus, aujourd'hui, le centre d'intérêt principal. Ils sont maintenant perçus comme des personnes à part entière dont l'épanouissement mérite toute notre attention. Ce revirement est donc très positif en soi, mais il fait en sorte que l'éducation peut devenir un véritable défi pour les parents : celui de faire la juste part entre l'éducation autoritaire d'autrefois et le désir de voir s'épanouir leur enfant à tout prix.

Ce qui complique un peu les choses est le rythme de vie effréné d'aujourd'hui dans lequel il est courant de voir les deux parents travailler (à l'extérieur de la maison). Cette situation entraîne parfois un sentiment de culpabilité chez les parents qui ne se sentent pas assez présents et tentent de compenser comme ils le peuvent, parfois maladroitement.

Il y a aussi le contexte des familles séparées ou monoparentales dans lesquelles les parents peuvent facilement tomber dans le piège

Le « roi » de la maison ?

de vouloir plaire à leur enfant par sentiment de culpabilité, par désir de combler leur manque de présence ou simplement par manque d'énergie (étant seul à intervenir). Il peut donc s'ensuivre un mode d'intervention très libéral ou un sentiment qu'on n'en fait jamais assez pour notre enfant. De là le danger !

Quelques exemples

* Au magasin, la maman achète le jouet que fiston désire dès qu'il a de la peine, lève le ton ou débute sa crise (pour acheter la paix).
  « O.K. ! O.K. ! Arrête ça ! Je vais te l'acheter ton ballon. »
* Le papa négocie longuement le moment du dodo avec son fils (qui de toute façon aura probablement le dernier mot et ira se coucher quand il l'aura décidé ou quand les parents en feront autant !).
  « Allez mon petit coquin ! Sois raisonnable ! Tu devrais aller te coucher maintenant. »
* La maman tolère, négocie, tente de convaincre, explique ou essaie de « raisonner » son enfant sur certains interdits qui devraient pourtant être clairs et non négociables (pour finir, bien souvent, par céder).
  « Allez Léa, sois gentille avec Maman. Fais-moi plaisir et reviens t'asseoir à la table et finir ton repas. » « O.K. ma belle ! Tu peux amener tes poupées à la table, mais promets-moi de manger un peu. »
* La maman cède aux moindres caprices de son enfant au point de laisser son statut d'adulte de côté au profit de l'enfant !
  « Tu ne veux pas t'asseoir sur mes genoux ? O.K. ! Si c'est ça que tu veux mon grand ! Prends ma place, je vais rester debout. »
  Lors d'une fête d'enfant : *« Sois pas triste, ma chouette ! Maman va aller s'asseoir avec toi et tes amis à la table et Papa, lui, va rester avec les adultes. »*

Les psy-trucs de 3 à 6 ans

* Les parents qui sont excessivement à l'écoute et succombent aux moindres désirs de leur enfant, allant même au-devant de ses besoins (bien souvent sans que l'enfant l'apprécie, n'ayant même pas eu le temps de le désirer!).

  « *Regarde le nouveau vélo que je t'ai acheté. Je suis sûr que tu en voulais un comme ça! Il est tellement plus beau.* » « *Est-ce que tu aimerais ça avoir une télé dans ta chambre? Je suis certain que ça te plairait beaucoup.* »

* Les parents qui ne donnent jamais de conséquences aux comportements pourtant fautifs de leur petit trésor ou qui vont tout prendre à la légère, allant même jusqu'à rire un peu de la situation afin de banaliser le geste.

  « *Voyons donc mon p'tit comique, mon petit acrobate professionnel! Arrête donc de sauter sur les sofas du magasin avant que le monsieur te voie.* »

* Les parents qui vont laisser leur enfant faire tout ce qu'il désire afin de ne pas le brimer, le contrarier ou lui faire de la peine (les parents qui veulent toujours être aimés).

  « *Chut Chut! Pleure pas! C'est d'accord, on n'ira pas te faire couper les cheveux.* »

  « *O.K. pour cette fois-ci, tu peux faire du vélo sans ton casque.* »

Voilà des exemples de comportements qui feront progressivement en sorte qu'un jour, sans que l'on s'en rende vraiment compte, nous aurons perdu le contrôle et ferons face à un enfant-roi, *notre* enfant-roi!

> *Un enfant a toujours le pouvoir qu'on lui donne.*
>
> GERMAIN DUCLOS

Le « roi » de la maison ?

Que faire pour éviter qu'il le devienne ?

Bien sûr, nous voulons ce qu'il y a de mieux pour notre enfant. Nous voulons lui donner tous les outils nécessaires à son plein épanouissement, nous voulons qu'il grandisse en se sentant aimé. Mais certains en oublient leur rôle principal : celui *d'être parent*, c'est-à-dire voir au bien-être de l'enfant *tout en s'assurant d'établir un encadrement ferme* et faire respecter les règles. C'est tout aussi important voire essentiel à son bon développement.

Il ne s'agit certainement pas de faire preuve d'autorité dominante et écrasante (jadis si fréquente), mais d'une autorité respectueuse et saine qui tient compte des besoins de l'enfant et qui fait en sorte que les parents seront non pas « craints », mais respectés.

C'est entre 2 et 5 ans que nos tout-petits acquièrent les notions de respect et d'autorité, se familiarisent avec la discipline et apprennent à vivre en fonction des règles et des contraintes qu'on établit. Évidemment, c'est aussi à cet âge « si mignon » que les parents ont tendance à bondir aux moindres demandes ou désirs de leur enfant et à tout tolérer. C'est là le défi des parents : savoir établir les limites, savoir dire non !

Pourquoi certains parents se sentent-ils incapables de dire non ?

* Pour ne pas déplaire à l'enfant
* Par peur de « brimer » l'enfant dans son épanouissement
* Par désir de vouloir être aimé
* Par peur de s'éloigner de son enfant ou de briser le lien affectif
* Pour éviter l'argumentation (qui demande tant d'énergie !) et acheter la paix
* Pour se déculpabiliser du manque de temps consacré à l'enfant (accentué par le nombre élevé de familles dont les deux parents travaillent à l'extérieur, ce qui oblige les enfants à passer beaucoup de temps à la garderie)
* Par peur d'être trop sévères (et passer pour des parents marâtres !)
* Par peur de la réaction de leur enfant (les peines, les crises, les menaces !)

Les psy-trucs de 3 à 6 ans

Il est important de comprendre que les limites et l'autorité sont essentielles au développement et à l'équilibre de nos enfants. Ils ont besoin qu'on leur dise NON pour apprendre qu'ils ne peuvent pas tout avoir dans la vie et, surtout, pour apprendre à vivre en société.

Imaginez un enfant à qui tout était permis à la maison (sans limites, sans encadrement) et qui commence l'école! Ce nouvel environnement est rempli d'interdictions, de limites et de consignes qui font partie intégrante du programme. L'enfant n'étant pas du tout habitué à cette forme d'encadrement, il aura probablement de la difficulté à s'adapter, ne respectera pas les consignes et réagira fortement aux interdictions. Bref, il risque de devenir un cas problème pour les professeurs. Il est évident que ce n'est pas la meilleure façon de commencer cette aventure scolaire!

On se doit donc, comme parents, d'éduquer notre enfant dans un environnement structuré et de lui imposer des limites claires et précises qu'on doit faire respecter avec *constance et fermeté*. Notre enfant est en apprentissage continuel, il a besoin de limites, de références, de balises. Cela répond à son besoin de sécurité et nous sommes son guide dans ce cheminement.

Savoir dire non à notre enfant, c'est l'aider à comprendre les limites acceptables dans la famille, à identifier les repères qui contribuent à bâtir un environnement qui se veut *rassurant* pour notre enfant. Il faut établir des règles et les modifier en cours de route, selon son âge. Elles lui permettront de devenir un jour un adulte responsable qui sera capable d'affronter les règles de la société et les réalités de la vie.

Chaque règle ou limite qu'on pose à notre enfant lui donne l'occasion de progresser, d'évoluer. Être obligé de rester à la table au repas alors qu'il a envie de jouer est peut-être frustrant, mais l'enfant qui surmontera cette frustration et qui l'aura acceptée en ressortira grandi. De plus, cette règle, qui était si irritante au départ, fera éventuellement partie de son quotidien et deviendra même un élément réconfortant de sa vie.

Bien sûr, ces limites seront constamment remises en question, seront testées et provoqueront certainement des frustrations qu'on

Le « roi » de la maison ?

doit apprendre à gérer et à contrôler, sans quoi les conséquences risquent de s'aggraver. Avant 3 ans, l'enfant démontrera son mécontentement par des crises, des pleurs et de l'agitation qui feront place, en vieillissant, à une manifestation plus verbale (qui peut dégénérer par un manque total de respect envers les parents) parfois accompagnée de gestes physiques (coup de pied, tapes...).

« Tu es méchant, je ne t'aime plus »,
« Arrête de me parler », « Je te déteste », « Va-t'en »,
« Touche-moi pas », « T'es pas fine », « T'es plus ma maman ».

Plusieurs parents n'interviennent pas ou prennent à la légère ces mots pourtant lourds de sens. Si nous tolérons ces comportements sans intervenir, la situation risque de s'envenimer.

Comment corriger la situation ?

C'est d'abord et avant tout une prise de conscience, en tant que parent, qu'on doit réajuster notre façon d'éduquer notre enfant. C'est accepter le fait que l'imposition de règles implique parfois de devenir (temporairement) « impopulaire » aux yeux de notre enfant. Prendre conscience qu'on se doit d'imposer des limites et qu'on ne peut certainement pas laisser notre enfant faire tout ce qu'il veut. L'autre partie du travail nécessitera de la constance et de la patience.

On peut corriger peu à peu la situation en imposant progressivement des limites, des petits non, de petites interdictions, des règles qu'on pourra facilement gérer et faire respecter *avec constance*. Évidemment, il est inutile de vouloir tout modifier d'un seul coup !

Commencez par faire respecter les règles de base de la vie de famille, *celles qui ne devront pas être sujettes à discussions,* celles qui sont *non négociables* : les comportements à la table, l'heure du coucher, la politesse envers les autres... Il serait également souhaitable d'identifier les comportements qui nous dérangent le plus ou qui affectent le plus négativement la vie familiale : lorsqu'il frappe ses parents ? Son intolérance à attendre (manifestée par de fréquents pleurs ou par des crises) ? Son manque de respect (impolitesse) ? (Voir « La discipline : tout un défi ! », page 69.)

La seconde étape consiste à établir un mode d'intervention. Il faut indiquer clairement que le comportement n'est pas toléré, expliquer brièvement pourquoi (surtout les premières fois) et informer l'enfant des conséquences qui l'attendent s'il ne veut pas suivre la consigne. (Voir « Va dans ta chambre ! », page 145).

L'enfant fera sûrement des crises au début, n'étant pas habitué à cette confrontation. C'est à ce moment-là que le parent devra faire preuve de patience et avoir la force de ne pas céder. Céder pour avoir la paix, c'est s'assurer que la prochaine fois sera encore plus difficile ! Il faut également maintenir la règle avec constance : surtout ne pas accepter « de temps en temps » l'écart de conduite.

Il faut également faire preuve de fermeté et ne pas essayer de tout négocier. Il y a des moments où les parents *n'ont pas à demander*, mais ils doivent *exiger*. Après tout, qui est le mieux placé pour savoir ce qui est bien pour l'enfant ?

> *« Allez mon amour, fais-moi plaisir !*
> *Voudrais-tu venir prendre ton bain ? »*
> contre
> *« Tristan, c'est l'heure du bain maintenant. »*
>
> *« Chérie, sois raisonnable. Il fait froid dehors.*
> *Pourrais-tu mettre tes gants ? »*
> contre
> *« Non ! Il fait très froid dehors.*
> *Tu mets tes gants, un point c'est tout. »*

Le « roi » de la maison ?

Il y a des règles qui sont non négociables et l'enfant devra s'en rendre compte. Si l'enfant détecte un manque de fermeté chez les parents (s'ils ne sont pas convaincants dans leurs interventions), il essaiera d'exploiter cette faille. Il réalisera qu'il peut tenter sa chance (parce que ça fonctionne de temps en temps) et que même si maman dit non, elle finit souvent par céder (pour avoir la paix).

Au contraire, si l'enfant comprend la consigne, réalise qu'elle est claire et qu'elle sera *toujours* appliquée (sans exceptions et sans négociations), il n'aura pas le choix de l'accepter et passera naturellement à autre chose.

La règle sera ainsi acquise et fera désormais partie intégrante de sa vie... Jusqu'au prochain rappel!!! C'est là un fait commun à tout parent : devoir continuellement rappeler notre petit monde à l'ordre. Il est normal que nos enfants remettent en cause certaines limites et veulent occasionnellement désobéir ou les tester à nouveau, mais c'est aussi notre rôle, comme parents, de leur rappeler ces limites!

Les *conséquences* sont un autre élément à considérer dans notre mode d'intervention. Dans le cas de non-respect des règles, les parents devront absolument informer l'enfant de la conséquence qui l'attend et l'appliquer si nécessaire. Si vous n'appliquez pas cette conséquence, vous risquez de perdre votre crédibilité et l'enfant, ayant détecté cette faiblesse, recommencera la prochaine fois.

Trop souvent, les parents tolèrent longuement un comportement, répètent à maintes reprises ou négocient interminablement pour finalement exploser et appliquer des conséquences de façon inappropriée et dans un état de colère qui n'est pas souhaitable. Vaut mieux intervenir dès la première occasion.

Il est à noter que ces interventions seront moins efficaces si les deux parents ne s'entendent pas sur les règles à respecter, les façons d'intervenir et les conséquences à appliquer. Vaut mieux en discuter!

Il est important de réaliser qu'à ce groupe d'âge (3-6 ans), il est encore relativement facile de modifier les comportements indésirables de notre enfant. Plus l'enfant grandit, plus il sera difficile de corriger ces comportements et plus leurs manifestations seront amplifiées. Il est donc encore temps de s'ajuster avant que la situation ne s'aggrave et que notre « petit trésor » ne devienne un « enfant-tyran », qui sera incapable de supporter les contrariétés et qui réagira par de l'agressivité et de la violence.

Bref, on ne le répétera pas assez : mieux vaut assurer un bon encadrement dès le jeune âge, progressivement, au fur et à mesure que les situations se présentent à nous. C'est un travail de longue haleine et qui nous demande beaucoup d'énergie et de la discipline. Les résultats en valent par contre la peine et faciliteront notre tâche dans le futur.

Gardons en mémoire que notre enfant est un être en construction et que notre rôle est de l'aider et le *guider*, un rôle parfois exigeant et ingrat, mais qui nous revient en tant que parents.

Le « roi » de la maison ?

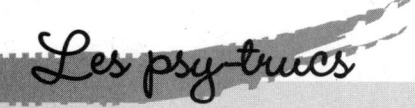

1. Réaliser, comme parent, que le profil d'un enfant-roi se dessine chez les enfants à qui on donne tout sans retenue, à qui on ne dit jamais non et qu'on laisse tout faire, sans conséquences. C'est une question d'éducation !
2. Comprendre que les règles, les limites et l'autorité parentale sont essentielles au bon développement de notre enfant, à sa sécurité et à son équilibre.
3. Faire preuve de constance et de fermeté dans nos interventions (éviter de céder de temps à autre, pour acheter la paix ou éviter les crises).
4. Ne pas avoir peur que notre enfant vive des frustrations : cela fait partie de son apprentissage !
5. Appliquer des punitions adéquates et d'une courte durée qui devront être données dans l'immédiat et avec constance.
6. Renforcer positivement les comportements qu'il corrige. Encouragez-le !

« Promis ! Je ne suce plus mon pouce ! »

Les psy-trucs de 3 à 6 ans

Les questions que tout parent se pose :

* **Est-ce normal qu'il suce son pouce ?**
* **Jusqu'à quel âge dois-je tolérer ce comportement ?**
* **Quelles sont les conséquences possibles ?**
* **Comment l'aider à cesser cette habitude ?**

Est-ce normal qu'il suce son pouce ?

Un enfant commence à sucer son pouce dès l'intra-utérin, dans le ventre de sa maman. C'est au début un besoin inné de succion bien normal qui se transforme ensuite en une habitude, par besoin de *réconfort*. Sucer son pouce représente d'ailleurs un moyen commun pour les enfants de se protéger ou de se réconforter devant une tension ou lorsqu'ils ressentiront, par exemple, de la douleur, de la colère, du chagrin, de la solitude, du stress, de l'angoisse ou de l'anxiété. C'est donc un geste sécurisant (parfois associé au dodo) qui s'estompe graduellement vers 3 ou 4 ans.

Jusqu'à quel âge dois-je tolérer ce comportement ?

L'habitude de sucer son pouce s'estompe généralement vers l'âge de 3 ans. Au-delà de cette période, certains enfants vont malgré tout préserver cette habitude si réconfortante pour eux. Il ne faut pas s'en inquiéter pour autant (surtout si ce comportement n'est pas excessif, mais semble plutôt occasionnel ou de courte durée).

Si par contre cette manie devient plus régulière et persistante ou si elle s'intensifie, cela peut être le signe d'un malaise ou d'une situation préoccupante pour notre enfant. Il serait alors recommandé d'essayer de comprendre les raisons qui justifient tant ce besoin de réconfort et observer notre enfant afin de dépister ce qui l'incite à sucer son pouce. On doit analyser la situation afin de savoir s'il y a lieu d'intervenir ou non.

« Promis ! Je ne suce plus mon pouce ! »

Une chose est sûre : il est inutile de lui interdire systématiquement de sucer son pouce. Chaque enfant a son propre rythme. C'est un besoin qu'il ressent et nous devons plutôt l'aider à combler ce besoin autrement afin de réduire cette habitude, même à 5 ou 6 ans !

La suce ou le pouce ?
C'est reconnu : il est plus facile d'enlever une suce à un enfant que de lui enlever l'habitude de sucer son pouce. Il est également reconnu que les risques de déformations buccales sont plus importants en suçant son pouce puisque celui-ci exerce une pression plus forte sur la mâchoire qu'une simple suce. Il est donc préférable, en bas âge, d'essayer de substituer la suce au pouce !

Il est à noter qu'il est possible que certains enfants, qui avaient cessé de sucer leur pouce, recommencent dans certaines situations. C'est un phénomène de régression normal qui peut être lié à un changement ou un événement qui tourmente notre enfant (déménagement, entrée à l'école, arrivée d'un nouveau petit frère ou sœur, séparation des parents...). Il faut alors faire preuve d'écoute et d'attention afin de combler ce besoin soudain de réconfort intense.

Quelles sont les conséquences possibles ?
Notre enfant de 3 ans est en pleine croissance et sucer son pouce au-delà de cet âge peut avoir des répercussions au niveau du palais et des mâchoires (déformations) ou au niveau de la position des dents. Si la succion du pouce est *intense et se prolonge,* elle peut devenir problématique et engendrer d'autres conséquences, dont : mouvement d'avaler observable, palais creux, profond et étroit, certaines difficultés de prononciation, respiration par la bouche, pouce déformé (forme allongée et aplatie...), etc.

Le désir, en tant que parent, de vouloir éliminer cette fâcheuse habitude peut également provenir des conséquences psychologiques qui peuvent en découler : l'impact d'être ridiculisé par les autres (à la garderie ou à l'école) ou le sentiment de gêne face à cette habitude (le poussant même à se cacher pour sucer son pouce).

Comment l'aider à cesser cette habitude ?

Le fait de sucer son pouce est un comportement inconscient en réponse à un besoin de réconfort. Inutile donc de s'alarmer et d'amplifier inutilement le désir de mettre fin à cette habitude. En fait, entre 0 et 3 ans, il n'est pas nécessaire d'intervenir de façon directe sur ce comportement. Vaut mieux simplement essayer de lui changer les idées, le détourner de ce besoin ou essayer de remplacer le pouce par une tétine (suce) qui sera plus facile à éliminer par la suite.

Si ce comportement se prolonge ou devient intense, il faut essayer d'en déterminer les raisons. Est-ce un besoin de réconfort face à une situation qui le stresse ? Est-ce un besoin de combler un manque d'attention ? Dans tous les cas, il est inutile de lui interdire systématiquement le geste. Il est préférable de procéder graduellement sur une période de plusieurs semaines ou mois.

Voici quelques conseils afin de faciliter le sevrage :

* Tout d'abord, expliquer à l'enfant qu'on veut l'aider à moins sucer son pouce.
* Lui expliquer les conséquences possibles sur ses belles petites dents ou sur son joli pouce...
* Éviter absolument de le gronder, le punir ou l'humilier : « Ouach ! C'est dégoûtant ! », « Ce sont les bébés qui sucent leur pouce ! », « Arrête de faire le bébé ! ». En plus d'affecter son estime de soi, ce genre de réaction risque de faire en sorte que notre enfant veuille maintenir cette manie par simple provocation ou pour s'affirmer (s'opposer).

« Promis ! Je ne suce plus mon pouce ! »

* Tourner l'exercice en défi : « Tu essaies de ne pas sucer ton pouce pendant toute la durée de l'émission de télé, O.K. ? »
* Essayer de repérer les moments où notre enfant ressent le besoin de sucer son pouce (quand il est fatigué ? quand il s'ennuie tout seul ? quand il est inquiet ?) et tenter de combler ces moments autrement (en jouant avec lui, en le berçant, en le rassurant...).
* On se sert d'éléments de motivation : calendrier et autocollants qu'il remplira chaque fois qu'il aura réussi à ne pas sucer son pouce pendant la soirée ou pendant son émission favorite !
* Mettre une « barrière » physique sur le pouce de notre enfant afin de lui rappeler son défi (un diachylon, une petite marionnette, un petit dessin sur le pouce qui doit durer toute la journée...). L'utilisation d'une solution amère appliquée sur le pouce est aussi possible.
* Le féliciter chaque fois qu'il ne sucera pas son pouce (renforcement positif).

Il est inutile d'insister si notre enfant suce son pouce uniquement au moment de s'endormir. Ce n'est, pour lui, qu'un moyen parmi tant d'autres de s'apaiser et de tomber doucement dans les bras de Morphée, une habitude qu'il perdra tout naturellement sans que l'on s'en rende véritablement compte.

Puisque nous demandons à nos tout-petits d'abandonner une habitude qu'ils affectionnent et qui les réconforte tant, nous devons, comme parents, leur procurer tout le soutien, la patience, l'attention et la compréhension nécessaires afin de leur donner ce « petit coup de pouce » qui leur permettra de franchir cette autre étape vers le monde des « Grands » !

Les psy-trucs de 3 à 6 ans

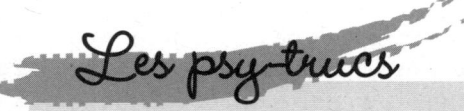

1. Prendre conscience que même si cette habitude s'estompe généralement vers l'âge de 3 ou 4 ans, il est fréquent de voir ce comportement jusqu'à 5 ou 6 ans. Il ne faut pas s'inquiéter.
2. Le fait de sucer son pouce est un comportement inconscient en réponse à un besoin de réconfort (situation stressante) ou d'attention que nous pouvons tenter de repérer et combler autrement.
3. Éviter de le gronder, le punir ou l'humilier (en le traitant de bébé). Cela risque d'affecter son estime et de l'encourager à répéter le comportement lorsqu'il voudra s'opposer à vous (s'affirmer).
4. Expliquer à l'enfant que vous voulez l'aider à moins sucer son pouce. Lui expliquer les conséquences possibles sur ses belles petites dents ou sur son joli pouce.
5. Proposer des périodes d'abstinence sous forme de défi à relever.
6. Utiliser une « barrière » physique sur son pouce afin de lui rappeler son défi (un diachylon, une petite marionnette, une solution amère sur le pouce...).
7. Féliciter l'enfant chaque fois qu'il ne sucera pas son pouce (renforcement positif) et utiliser des calendriers-récompenses avec autocollants pour le motiver.

« J'ai pas faim, bon ! »
Le refus de manger

> ## Les questions que tout parent se pose :
> * **Pourquoi mon enfant refuse-t-il parfois de manger ?**
> * **Comment réagir devant son refus ?**
> * **Dois-je l'obliger à terminer son assiette ?**
> * **Quelle est l'importance des repas en famille ?**

Jonathan, 3 ans, a soudainement décidé qu'il ne mangeait pas lors des repas. « Je ne veux pas manger », « Je n'ai pas faim ! » hurle-t-il à la table. Les parents et les éducatrices sont parfois dépassés par cet entêtement et exaspérés de devoir, tous les jours, reprendre ce combat pour que l'enfant accepte de manger. Mais si votre enfant repousse toujours vos merveilleux petits plats, ce n'est peut-être pas seulement pour des raisons de goûts ou de caprices !

Pourquoi mon enfant refuse-t-il parfois de manger ?

Les refus de manger apparaissent parfois vers 2 ans, ce qui coïncide avec leur phase d'opposition ou le « terrible two ». Ils peuvent se prolonger ou réapparaître occasionnellement vers l'âge de 4 ans alors que ce besoin d'opposition se fait sentir à nouveau. Plus de 75 % des enfants traversent, à un moment ou l'autre, de telles périodes de refus alimentaires.

Les périodes d'opposition de notre enfant sont parfaitement normales et nécessaires à son développement et à la construction de son identité. Pendant ces phases, il ressent le besoin de s'affirmer et veut prendre un peu plus le *contrôle*. C'est à ce niveau que le refus de manger prend toute sa signification. Notre petit trésor réalise rapidement à quel point ce refus déstabilise les parents qui deviennent inquiets, ressentent le besoin d'en parler à la gardienne, aux grands-parents, aux amis et qui vont faire des pieds et des mains pour le convaincre, voire le supplier de manger ! Quel pouvoir n'est-ce pas ?

« J'ai pas faim, bon ! »

Le message que l'enfant veut donc nous envoyer par ce refus est le suivant : JE DÉCIDE ! Bien que cela puisse être fort contrariant qu'il n'accepte plus, les yeux fermés, ce qu'on lui donne, cette situation demeure positive en soi puisque c'est le signe que notre enfant raffine sa personnalité et s'affirme. N'oublions pas qu'un de nos rôles comme parent est de rendre notre enfant autonome et cette autonomie s'acquiert progressivement en lui laissant faire ses propres choix et s'affirmer.

Comment réagir devant son refus ?

Il faut surtout éviter la confrontation ou les réactions insistantes ou excessives. Dans un premier temps, essayer simplement de *motiver* l'enfant à manger avec agrément, sans toutefois insister outre mesure (pour ne pas trop accorder d'importance à cette manifestation de son opposition). Il est d'ailleurs recommandé, dans ce groupe d'âge, de faire appel à l'humour et leur monde imaginaire afin de rendre la période du repas le plus agréable possible. Voici quelques conseils :

* **Faire participer l'enfant à la préparation du repas.** Laver la salade, brasser la sauce, mettre la table... Il faut en profiter puisqu'à cet âge, il aime faire comme les grands ! Cette participation élimine la perception qu'on lui impose le repas. Il ne faut pas oublier non plus que l'enfant arrive bien souvent de la garderie ou de l'école et qu'il s'est probablement ennuyé de vous. En étant en interaction avec lui et en lui donnant de l'attention pendant cette préparation, on minimise son besoin de s'opposer pendant le repas.
* **On demande à l'enfant de se servir lui-même** en respectant la consigne de prendre une cuillère à soupe de chaque élément. Il aura l'impression d'avoir du pouvoir ou d'avoir le contrôle.
* **Un peu de fantaisie.** Il n'a pas faim ? Pourquoi ne pas placer ses aliments en montagnes ou en forme de soleil dans son assiette. C'est beaucoup plus agréable de manger des petites montagnes, non ?

Les psy-trucs de 3 à 6 ans

* **Un décompte peut-être ?** Les enfants adorent compter. Proposez-lui autant de bouchées que son âge. Il a 4 ans, alors encore 4 petites bouchées et se sera fini. Bien souvent, l'enfant veut recommencer ce petit jeu pour pouvoir compter avec vous à nouveau.
* **Utiliser le monde imaginaire.** Parlez-lui de « Monsieur Bel-Os » ou de « Madame Belle-Dent » qui ont besoin de manger pour grandir ou de « Madame-Fourchette » qui aimerait bien pouvoir faire quelques voyages dans sa belle petite bouche !
* **Utiliser de la vaisselle attrayante.** Choisir des ustensiles, une assiette ou un verre colorés ou à l'image de ses personnages ou héros préférés afin d'égayer le repas.

Bien que ces moyens puissent motiver notre enfant à manger ou puissent rendre l'expérience du repas plus agréable, certains enfants vont quand même refuser de manger. Il faut alors éviter de les confronter ou de les supplier. Les parents qui réagissent fortement aux refus de manger de leur enfant lui font réaliser tout le pouvoir qu'il obtient et le plein contrôle qu'il a de la situation. *Lorsqu'on veut éteindre un comportement dérangeant, on ne doit pas lui accorder trop d'importance.* Évitez donc d'en faire une source de confrontation. S'il ne veut rien manger ou qu'il ne fait que jouer avec sa nourriture, laissez-le faire avec désintérêt, puis débarrassez-le de son assiette sans réprimandes et sans montrer que vous êtes fâché ou contrarié : « Tu te reprendras au prochain repas ! » L'enfant qui s'aperçoit que nous ne mettons pas d'emphase sur ce comportement (que cela ne nous atteint pas) va probablement recommencer à manger, voyant que cela n'a plus l'effet escompté. (Par contre, assurez-vous de ne pas lui porter trop d'attention positive lorsqu'il recommence !)

Il faut également éviter de le forcer à manger pour ne pas créer un blocage qui pourrait l'angoisser. Lorsqu'il y a trop de pression ou que l'atmosphère du repas est trop tendue, l'enfant risque d'appréhender les heures de repas et devenir anxieux face à ceux-ci. Les repas deviennent un élément stressant et négatif dans sa vie, ce qui n'aidera certainement pas les choses.

Il ne faut donc pas insister, mais prévenez l'enfant qu'il faudra attendre le prochain repas pour satisfaire son appétit. Il pourra avoir sa collation (son goûter) habituelle, mais ne pourra certainement pas manger d'ici le prochain repas. Cela sera probablement une épreuve désagréable dont il se souviendra la prochaine fois qu'il voudra sauter un repas !

Il est évident que si ce refus persiste et est maintenu sur de grandes périodes, il peut révéler un problème plus important qui nécessite probablement d'avoir recours à des spécialistes (médecins, psychologues) afin de découvrir la nature de ce problème.

Dois-je l'obliger à terminer son assiette ?

L'appétit d'un enfant peut varier d'un jour à l'autre et varier également selon ses étapes de croissance. Il faut donc en tenir compte et ne pas trop se préoccuper des courtes périodes de perte d'appétit. Il n'est pas recommandé de forcer notre enfant à terminer son assiette (ou le menacer d'être privé de dessert) parce que cette approche risque de transformer le repas en épreuve de force. Notre enfant réalisera alors qu'il peut utiliser ce moyen pour manifester son désir d'opposition. Il faut plutôt que l'enfant ait une belle image de tout ce qui entoure un repas.

Autre point important : il ne faut jamais priver un enfant du repas ou utiliser cette menace comme conséquence : « Si tu n'arrêtes pas, tu vas aller te coucher sans souper. » Peu importe ce que l'enfant a pu faire, rien ne justifie de le menacer d'être privé de repas.

Les psy-trucs de 3 à 6 ans

Voici d'autres points à considérer :

Réduire les portions
Nous avons parfois tendance à surcharger l'assiette de nos enfants. La quantité de nourriture dont ils ont besoin est bien souvent plus petite que ce que nous croyons. Alors, diminuons leurs portions et donnons-leur plutôt la chance d'en redemander !

Respecter les goûts de notre enfant
Il est parfois tentant d'imposer à notre enfant de manger certains aliments pour des raisons nutritionnelles ou par désir de lui faire découvrir de nouvelles saveurs. Il va de soi que nous pouvons encourager notre enfant à goûter une première fois un nouvel aliment, mais il faut respecter par la suite sa décision d'aimer ou pas. Nous croyons à tort que nos enfants sont très ouverts et prédisposés à apprécier toute nouvelle saveur alors qu'en réalité, leur attirance pour les goûts *familiers* est déjà très forte. Les enfants de cet âge ont d'ailleurs moins besoin de variété que les adultes et quand ils aiment, ils aiment vraiment et pour longtemps. (Ils réclament les mêmes histoires, les mêmes livres, les mêmes jeux, la même musique ou même film à répétition !) Il en va de même pour leurs aliments préférés. Il faut se rappeler que le refus d'un aliment n'est pas définitif et qu'il s'agit parfois de le présenter sous une autre forme ou texture pour l'apprécier. Il faut respecter les préférences de notre enfant et reconnaître que les goûts changent avec le temps.

« J'ai pas faim, bon ! »

Éviter le grignotage ou l'excès de boisson entre les repas
Si notre enfant manifeste régulièrement un manque d'appétit à la table, il serait peut-être judicieux de s'interroger sur ce qu'il mange et boit entre les repas. Il faut éviter qu'il puisse manger à tout moment de la journée. Une collation santé entre chaque repas est bien suffisante et devrait être prise au minimum 90 minutes avant le repas. La quantité de lait ou de jus consommés avant le repas peut également avoir un impact direct sur l'appétit de notre enfant, d'où l'importance d'en contrôler les quantités.

Éviter le dessert-punition
« Si tu n'as plus faim pour ton assiette, tu n'as pas plus faim pour un dessert. » Voilà une phrase que nous avons tous eu l'occasion d'entendre. Or il est prouvé que même si nous sommes saturés d'un certain goût ou d'une saveur, nous pouvons quand même avoir faim pour un autre aliment. C'est le cas du sucré associé au dessert. Il n'est donc pas rare que nos enfants (comme nous, les adultes), retrouvent soudainement l'appétit pour un petit dessert !

Quelle est l'importance des repas en famille ?
Nous avons tout avantage à faire en sorte que les repas en famille soient source de plaisir et éviter qu'ils ne deviennent une source de stress ou un moment de la journée que nos enfants appréhendent chaque fois. Nous devrions, comme parents, tenter de créer une belle ambiance et essayer d'avoir du plaisir à la table. Ces repas sont une occasion idéale pour se retrouver en famille, raconter les bons et les mauvais moments de notre journée, avoir des discussions, des fous rires, bref des moments propices pour créer occasionnellement ces petits instants de bonheur qui deviennent de magnifiques souvenirs. Il est d'ailleurs intéressant

de constater que les repas en famille deviennent, chez les enfants qui y sont habitués, une des «activités» les plus significatives de leur vie familiale.

Voici quelques recommandations à cet effet:

* Manger tous les repas *à la table* (jamais devant la télé, dans la chambre ou le salon).
* Planifier au moins deux repas en famille par semaine (tous réunis).
* Faire respecter la consigne que personne ne se lève de table avant que tout le monde ait terminé son repas (ce qui évite les repas accélérés pour aller écouter la télé ou retrouver la console de jeux vidéo le plus rapidement possible!).
* Ne pas tolérer que notre enfant se lève sans arrêt de la table pendant le repas.
* Instaurer des traditions (par exemple: un souper familial plus spécial le samedi soir...)

Il faut se rappeler que les repas sont l'occasion idéale de se retrouver en famille et ne doivent pas devenir une simple «nécessité».

« J'ai pas faim, bon ! »

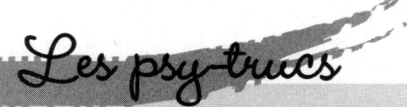
Les psy-trucs

1. Prendre conscience que le refus de manger de notre enfant constitue une manifestation de son besoin d'opposition (de s'affirmer et de prendre le contrôle).
2. Essayer de motiver notre enfant à manger en faisant appel à l'humour et à son monde imaginaire, afin de rendre la période du repas le plus agréable possible (jeu de l'avion, le décompte des bouchées...).
3. Éviter la confrontation, les réactions excessives ou d'être trop insistant (ne pas le supplier), sans quoi il réalisera que ce moyen d'opposition fonctionne bien.
4. Ne pas forcer notre enfant à manger ou l'obliger à terminer son assiette. Il risque d'appréhender les heures de repas et devenir anxieux face à ceux-ci.
5. Éviter que notre enfant puisse manger à tout moment de la journée (une collation, un goûter santé entre chaque repas). Contrôler également la quantité de lait ou de jus consommés avant le repas.
6. Si notre enfant ne veut rien manger, le débarrasser de son assiette sans réprimandes et sans contrariété tout en le prévenant qu'il faudra attendre au prochain repas pour manger (sauf pour sa collation).

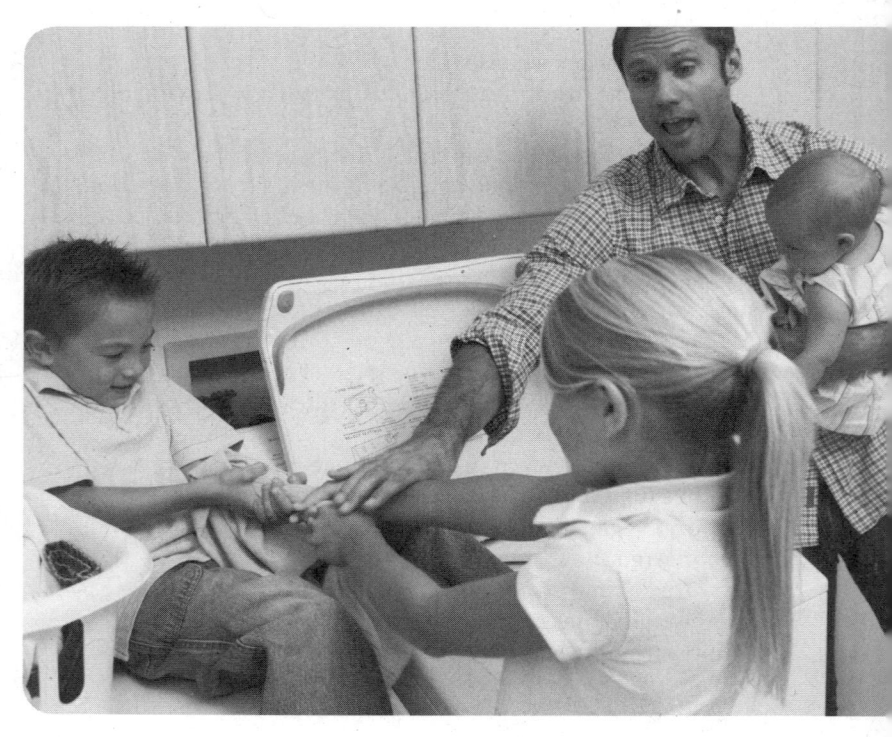

Ils se disputent toujours !
La rivalité dans la fratrie

Les questions que tout parent se pose :

* **Les chicanes sont-elles inévitables ?**
* **Ces querelles sont-elles saines ?**
* **Pourquoi se disputent-ils autant ?**
* **Comment intervenir devant les querelles de nos enfants ?**
* **Comment réduire cette rivalité ?**
* **Que fait-on à l'arrivée d'un nouveau-né ?**
* **Est-ce différent dans les familles recomposées ?**

« Maman, Jonathan m'a tapé », « Maman, Maman, elle a encore pris mon toutou et n'arrête pas de me déranger », « Papa, c'est moi qui avais le camion en premier », « Maman, Maman... an... an... an ! ». Ces lamentations font partie de votre quotidien ? Ne vous en faites pas ! Il en va de même pour la très grande majorité des familles ayant plus d'un enfant !

Les chicanes sont-elles inévitables ?

Ces fameuses querelles entre frères et sœurs sont monnaie courante dans toutes les familles, et ce, à divers degrés. En fait, les parents trouvent souvent qu'en plus de ne pas avoir de fin, elles constituent la partie la plus exaspérante de leur rôle de parent ! Les moqueries, les provocations, les chamailleries et la jalousie deviennent même une source importante de stress dans la famille, au grand découragement de bien des parents qui ne savent plus comment s'y prendre et finissent parfois par s'y résigner.

Tous les parents aimeraient bien que leurs enfants vivent dans la parfaite harmonie, mais c'est un vœu rarement exaucé. Il est donc très

« Ils se disputent toujours ! »

difficile pour plusieurs d'entre nous (plus particulièrement pour ceux qui ont à cœur leur rôle de papa ou de maman « parfaits ») d'accepter cette réalité et, surtout, de ne pas s'en culpabiliser. D'ailleurs, il ne faut pas se sentir coupable puisque cette rivalité fraternelle est non seulement normale, mais jusqu'à un certain point bénéfique pour nos tout-petits !

Ces querelles sont-elles saines ?
La rivalité fraternelle est donc normale et inévitable. Elle joue même, d'une certaine façon, un rôle bénéfique au sein de notre famille. Voici quelques-uns de ces bénéfices.

Construction de l'identité de l'enfant
La rivalité entre frères et sœurs constitue une étape essentielle dans la construction de l'identité de l'enfant. Par ces petites querelles, les enfants apprennent à *s'affirmer* et à *se différencier*. Ils ont aussi l'occasion de pousser leurs limites individuelles. Un enfant qui se chicane pour un objet, ou une place sur le sofa passe par une phase intense de revendication de son choix et d'affirmation de soi.

Lorsque les enfants sont en mode « comparatif », ils sont en train de trouver leur place dans la famille et de repérer ce qui les distingue des autres (ou ce qui les unit) : « Moi je suis capable de faire ça, pas toi », « Moi je suis meilleur que toi à l'ordi ! Oui, mais moi je cours plus vite que toi ! ». Chacun découvre ainsi ses forces et ses faiblesses, ce qui le mène vers une meilleure connaissance de soi.

Apprentissage social
Les chicanes contribuent au développement de l'enfant puisqu'elles représentent de bonnes occasions d'apprendre les règles de base de la vie en société. Elles lui permettent de faire face à la différence, à la

tolérance et au respect de l'autre et leur apprennent à cerner les notions de justice et d'équité.

Les querelles permettent aussi à nos enfants d'apprendre à argumenter, à négocier les uns avec les autres, à résoudre des conflits et à faire des compromis. Ce sont là des apprentissages qui ont toute leur importance et qui seront certainement fort utiles dans leur vie, autant professionnelle, personnelle que sociale.

Construction d'une complicité

La rivalité fraternelle contribue également à bâtir une relation d'attachement. Avoir un frère ou une sœur favorise non seulement la rivalité, mais aussi la *complicité*. Cette complicité n'est malheureusement pas toujours aussi remarquée que la rivalité qui dégénère en chicanes, en pleurs, en tiraillements (ce qui est évidemment beaucoup plus visible et agaçant pour les parents!).

Il est si fréquent de constater que nos enfants peuvent à la fois être les pires rivaux et, par moments, devenir les meilleurs complices au monde! Autant des enfants peuvent être en rivalité intense (allant jusqu'à se frapper ou se tirer les cheveux!), autant ils sont capables de faire preuve du contraire si un des deux se blesse, est en danger ou fait rire de lui: ils seront alors les premiers à défendre ou à consoler l'autre.

Bref, la rivalité fraternelle contribue à bâtir cette relation spéciale que nous développons entre frères et sœurs. Elle constitue une base à ce qui se transforme souvent en amitié solide à l'âge adulte, une amitié qui aura été tissée au jour le jour, à travers l'entraide, la protection *ainsi que* les querelles fraternelles.

« Ils se disputent toujours ! »

Surpassement de soi
La rivalité ou la jalousie permet également aux enfants de se surpasser et peut devenir une source de motivation chez les petits comme chez les plus grands. L'aîné développe son potentiel et ses talents, motivé par la crainte de se faire rattraper par le plus jeune tandis que le cadet met les bouchées doubles pour rattraper le plus grand. Cette compétition si motivante est par exemple observée lorsqu'ils font les mêmes activités sportives. (« Je suis aussi bon que toi au soccer »...)

Ainsi, lorsque les enfants sont en mode « compétition » et qu'ils se targuent de pouvoir faire quelque chose de mieux que l'autre, ils sont inconsciemment en train de pousser leurs limites individuelles !

Malgré tout, les querelles entre frères et sœurs demandent tellement de temps et d'énergie de la part des parents qu'on en oublie souvent les effets bénéfiques ! Il est à noter que cette rivalité peut être plus intense si l'écart entre les enfants est de moins de trois ans.

Pourquoi se disputent-ils autant ?
Dans la vie de tous les jours, bien des choses peuvent constituer des éléments déclencheurs d'une bonne dispute. Certaines causes sont assez banales (le simple fait de ne pas vouloir partager son jouet), alors que d'autres révèlent des besoins ou des préoccupations plus profondes. En voici quelques-unes.

La personnalité des enfants
Évidemment, à chacun sa personnalité ! Chaque enfant a ses propres traits de caractère (avec les qualités et les défauts qui y sont rattachés). Certains enfants ont un tempérament plus agité, d'autres plus colérique. Il est normal que ces différences puissent créer des frictions entre frères et sœurs. (« Maman ! Je regarde la télé tranquille et Jonathan n'arrête pas de sauter autour de moi ! »)

Les psy-trucs de 3 à 6 ans

Le respect de la propriété et du territoire
Cette notion de territoire est importante pour bien des enfants. Ils aiment « posséder » certains objets ou certains espaces bien à eux (leur chambre, leur lit, leur poupée, leur verre...). « Pousse-toi, c'est ma place », « Papa ! Émilie est encore entrée dans ma chambre ! », « Maman, Antoine a pris mon verre de Caillou. »

La notion de partage
Avant 6 ou 7 ans, les enfants sont égocentriques et n'ont pas acquis la notion de partage. Bien souvent, tout est injuste à leurs yeux s'ils n'ont pas tout ou s'ils doivent partager ; leur perception est que ce qu'on donne à l'autre leur est enlevé, à eux ! Leur égocentrisme résulte donc en une difficulté à réaliser et à accepter que l'autre puisse avoir des besoins ou des désirs différents, ce qui est la cause de bien des désagréments qui tournent en querelles !

Avoir l'attention des parents
La notion de partage est également applicable à l'amour ou l'attention des parents. Chaque enfant rêve de capter pour lui tout seul l'attention de ses parents et certains tolèrent donc mal la présence de frères ou sœurs. Certains vont ainsi déranger ou agacer leurs frères ou sœurs, les faire pleurer ou les faire crier pour que les parents interviennent. Ils utilisent ce moyen (inconsciemment) pour attirer leur attention, mais de façon négative.

Pour susciter ou se rassurer de l'amour des parents
Certains enfants vont provoquer des querelles afin de forcer les parents à prendre parti, à faire des choix : « Maman ! Dis-lui d'arrêter de m'agacer », « Maman ! Elle le fait encore... dis-lui d'arrêter », « Papa ! Sébastien s'est fait chicaner à la garderie... Moi j'ai été sage. »

« Ils se disputent toujours ! »

Par jalousie

Ce besoin constant de se rassurer de l'amour de nos parents est aussi à l'origine de la jalousie. L'impression d'être moins aimé que l'autre est très difficile à accepter chez nos tout-petits, et les parents qui se rendent compte de cette perception de leur enfant sont bien souvent désemparés ou se sentent coupables.

Fréquemment, sans s'en apercevoir, nous pouvons avoir des comportements discriminatoires et ainsi provoquer des réactions de jalousie. Nous faisons des gestes parfois bien anodins mais combien significatifs pour notre enfant : la place à la table, les vêtements neufs toujours au plus grand (qui passe ses vieux vêtements au cadet), certaines réflexions maladroites telles que « À ton âge, ton frère s'habillait tout seul », « Regarde, ta petite sœur est plus raisonnable que toi ». *Il est important de mettre l'accent positif sur ce qui différencie vos enfants*, sur les qualités et les talents de chacun sans dénigrer l'autre.

Dans bien des familles, on considère qu'être jaloux, c'est « mal ». L'enfant qui est jaloux se sent ainsi coupable, se sent « méchant » alors que sa réaction est tout à fait normale et que c'est plutôt à nous de l'encourager à exprimer ce qui le tracasse, ce qui le dérange afin de réduire cette rivalité.

Maman ! Qui préfères-tu ?

Cette question, bien des parents l'ont entendue de la bouche de leurs enfants tout comme des remarques telles que « C'est Émilie ta préférée », « Gabriel est le chouchou ». Devant cette question ou ces remarques, il faut évidemment réagir et tenter de corriger cette perception. Il n'est peut-être pas suggéré de leur répondre que vous les aimez « autant l'un que l'autre » puisqu'ils ne vous croiront tout simplement pas ou, du moins, jamais tout à fait. Il est plutôt conseillé de mettre l'accent sur le fait que vous les aimez différemment : « Je vous aime chacun d'une manière unique parce que vous êtes uniques. »

Bref, la jalousie et le partage de ce qu'ils ont de plus précieux, soit l'amour, l'attention et la disponibilité de leurs parents, constituent les principales sources de conflits et sont bien souvent à la base de toutes ces querelles qui meublent la vie quotidienne de tant de familles !

Comment intervenir devant les querelles de nos enfants ?

Bien qu'il soit non seulement normal que nos enfants se disputent mais aussi bénéfique pour leur développement, il faut savoir quand et comment intervenir avant que cela dégénère en insultes, humiliation ou violence physique.

En règle générale, il est conseillé de laisser le soin aux enfants de régler eux-mêmes leurs conflits. Il ne s'agit pas ici de tout laisser faire : « Moi, je ne m'en mêle pas, arrangez-vous tout seul ! » Il faut éviter également d'intervenir systématiquement chaque fois que le ton monte.

En fait, l'intervention des parents est souvent requise, mais pas nécessairement dès le début du conflit et cela afin de laisser le soin aux enfants de tenter d'en arriver eux-mêmes à une solution. Voici quelques éléments de pistes lors de conflits.

* Éviter de prendre parti quand nous ne sommes pas au courant de ce qui s'est réellement passé ni de la façon dont tout a commencé. Prendre parti pour l'un ou l'autre n'a jamais été une solution. Au contraire, cela devient frustrant pour l'autre, ne fait que les relancer encore plus dans la rivalité et encourage par conséquent les conflits futurs (la revanche ! ?).
* Ne pas tolérer la violence. Il est important de ne jamais laisser les disputes dégénérer. Il ne faut pas tolérer ou accepter des paroles ou des gestes violents, dénigrants, humiliants ou méprisants.
* Éviter les consignes vagues du genre : « Sois gentil avec ta sœur »...
* Éviter d'imposer à l'aîné de toujours faire les compromis sous prétexte qu'il est le plus grand !

« Ils se disputent toujours ! »

* Pour les enfants de 5-6 ans, il est possible de profiter d'un moment plus calme pour expliquer la situation et les comportements reprochés, en retrait.
* Dans le cas de querelles générées par un enfant qui veut attirer (négativement) l'attention, il est souhaitable de consoler et de réconforter l'enfant qui a été victime plutôt que de se mettre en colère contre l'agresseur. Il va alors se rendre compte qu'il n'a pas réussi à attirer l'attention sur lui et n'aura pas tendance à le refaire. Sachant qu'il a maladroitement voulu exprimer un besoin d'avoir votre attention, essayez donc de répondre à ce besoin plus tard, dans une situation beaucoup plus sereine et positive. (« Viens Jonathan, allons faire un jeu ensemble ! »)
* Votre enfant « rapporte » constamment ? : « Maman ! Jérôme a pris mon camion... Jérôme m'a fait une grimace... Jérôme veut pas me donner mon livre !... » Si un de vos enfants a tendance à venir se plaindre ou à faire du rapportage, ne succombez pas à toutes ces plaintes. Encouragez-le à régler lui-même son problème (ce qui lui sera utile aussi à la garderie ou à l'école). Ces rapportages ne devraient être tolérés qu'en cas de situations importantes ou graves.
* Si la bagarre éclate, il est important d'intervenir rapidement et de séparer les enfants afin qu'ils se calment. Une fois le calme retrouvé, vous pouvez intervenir afin de résoudre le conflit ou leur laisser la chance de le régler eux-mêmes (en suivant les quatre étapes décrites à la page suivante). Cela vous enlève le fardeau de déterminer le ou les coupables.
* N'hésitez pas à recourir à l'humour pour désamorcer une querelle, détendre l'atmosphère ou « dédramatiser » la situation. Les enfants sont généralement surpris de cette réaction, car ils s'attendent tellement à des réprimandes de votre part ! Ils peuvent parfois se rendre compte que la source du conflit est un peu ridicule et vont vite oublier la chicane !

Les psy-trucs de 3 à 6 ans

* Dans le cas de disputes sans violence, on prend nos distances. C'est le conseil le plus judicieux, sans toutefois tomber dans l'indifférence totale ! En général, la meilleure attitude à avoir est de rester en retrait (tout en gardant un œil sur la façon que cela évolue) et de laisser les enfants gérer leur conflit eux-mêmes.
* Si les enfants n'arrivent pas à s'entendre et que vous sentez le besoin d'intervenir, il est recommandé de suivre les étapes suivantes :

    1. Écouter chacune de leur version (avec respect, sans interruption de l'autre).
    2. Récapituler et mettre des mots sur les faits (« Bon alors le problème, c'est que vous voulez tous les deux jouer à l'ordinateur ?).
    3. Leur dire qu'ils devront (eux-mêmes) trouver une solution (tout en les guidant) sans quoi c'est VOUS qui déciderez : « Comment allez-vous régler ça ? Chacun votre tour ? Qui commencera ? À vous de décider... »).
    4. Quitter la pièce et leur laisser trouver une solution jusqu'à votre retour. (« Je reviens dans 2 minutes et si vous ne vous êtes pas entendus sur une solution, c'est moi qui vais décider. N'oubliez pas que ma décision sera peut-être de vous interdire à tous les deux l'accès à l'ordinateur. »)

Il est étonnant de constater que dans la plupart des cas, les enfants réussissent à négocier, à trouver les compromis nécessaires et finalement à en arriver à une solution qui ne leur sera pas imposée. C'est également le meilleur moyen pour les parents de ne pas être l'objet d'un enjeu. (C'est tellement tentant d'essayer d'amener un de nos parents à prendre parti pour nous !)

Cette méthode permet de faire évoluer nos enfants et contribue certainement à les rendre plus autonomes dans la vie.

« Ils se disputent toujours ! »

Ah ces bagarres... !

Les conflits de tiraillement surviennent lorsque les enfants jouent à des jeux physiques (les petites « bagarres ») pour lesquels on entend souvent les parents dire : « Arrêtez ! Ça va mal finir ! » Effectivement, ces tiraillements finissent souvent par *dépasser le jeu* et tournent en chicanes et en pleurs ! Malgré tout, cette situation est normale et même saine puisque c'est une autre façon (surtout pour les frères) d'entrer en relation entre eux, de se mesurer les uns par rapport aux autres. Le rôle des parents n'est donc pas d'empêcher ces jeux physiques, mais plutôt *d'en contrôler la limite*, avant que ça tourne au vinaigre ou carrément à la bagarre ! Il faut surtout éviter de rester indifférent ou les laisser faire sans intervenir (sous prétexte qu'on est « tanné »).

Il faut donc essayer de laisser nos enfants gérer leurs conflits tout en les ayant à l'œil afin d'éviter qu'ils ne dégénèrent. De toute façon, ces querelles ne durent jamais bien longtemps ! Ce qu'il y a de particulier dans la relation entre frères et sœurs, c'est la *passion*. C'est cette passion qui fait que les chicanes et les crises sont parfois si intenses et que, peu longtemps après, tout est oublié. Ils peuvent autant s'aimer que se détester, et ce, dans une même journée !!!

Comment réduire cette rivalité ?

À partir du moment où on accepte que la jalousie ou la rivalité entre frères et sœurs est naturelle, nous pouvons faire en sorte qu'elle soit atténuée ou, du moins, éviter de l'entretenir ou de la susciter (parfois involontairement).

* Essayer de ne pas toujours se mêler des querelles de nos enfants. On évite ainsi de devenir cet « arbitre perpétuel » pour qui les enfants rivalisent tant afin d'obtenir les faveurs !
* Éviter les comparaisons qui alimentent tant la jalousie. Il est important de s'adresser à nos enfants sans les comparer à leur

frère ou sœurs. « À ton âge, ta sœur s'habillait déjà toute seule. » « Fais donc comme ton frère, lui il range toujours sa chambre... » Dire simplement à l'enfant de ranger ses choses, c'est tout ! Leur faire sentir qu'ils sont uniques et que chacun a ses qualités et ses aptitudes qui lui sont propres. Il faut cultiver les différences entre nos enfants et ce n'est certainement pas en les comparant les uns aux autres que nous allons réussir.

* Éviter les étiquettes. Il n'est pas nécessairement souhaitable de mettre trop d'emphase sur certaines caractéristiques de notre enfant qui « l'enfermerait » dans ce rôle. « Antoine, c'est le lunatique de la famille. » « Mélanie a toujours été timide. » Avec des jugements de la sorte, on les campe dans des rôles dont ils auront peut-être de la difficulté à se départir par la suite.
* Encourager leurs différences, leur personnalité, leurs goûts respectifs, bref, leur *individualité*. Ne pas les inscrire nécessairement aux mêmes activités, ne pas leur acheter toujours le même genre de vêtements, de jeux...
* Éviter de porter des jugements sur certains aspects de leur personnalité : « Ah lui... Il est tellement impatient comparé à sa sœur. » Il ne sert à rien de constamment reprocher ou faire remarquer à notre enfant ses faiblesses. Il faut plutôt essayer de valoriser ses qualités et encourager les comportements positifs qu'il adopte pour se corriger.

Traitons nos enfants non pas en fonction de ce qu'ils sont, mais en fonction de ce que nous voudrions qu'ils deviennent.

* Veiller à ne pas montrer de préférence. Il faut éviter de favoriser un enfant parce que vous vous entendez mieux avec ou parce qu'il a un caractère plus « compatible » au vôtre. Même s'il est normal d'avoir des « atomes crochus » ou plus d'affini-

« Ils se disputent toujours ! »

tés avec un de nos enfants, il faut être alerte et ne pas négliger les autres pour autant, sans quoi la rivalité et la jalousie n'en seront que plus grandes.

* Passer des moments privilégiés avec chacun (sortie cinéma avec un, balade en vélo avec l'autre...). Bien qu'il faille entretenir un bel esprit de famille, nos enfants ont aussi besoin de se sentir uniques. Ces petits moments occasionnels permettront d'atteindre ce bel équilibre. Vos enfants auront alors l'impression d'être aimés et appréciés pour eux-mêmes, pour ce qu'ils sont.
* Prendre conscience qu'il n'est pas toujours possible ou souhaitable de tout répartir équitablement. Il faut être capable d'expliquer à nos enfants que c'est parfois chacun leur tour. L'égalité à tous les plans demanderait beaucoup de rigueur et d'énergie des parents et le moindre faux pas serait rapidement perçu ! De plus, comme ils sont différents, leurs besoins ne sont pas les mêmes à tout moment.
* Respecter leur besoin d'avoir *leurs propres choses* (leur chambre, leur jouet préféré...). S'ils doivent partager la chambre, réservez-leur un petit coin à eux (affiches ou décorations préférées...). Les enfants ont le même besoin que nous de vouloir s'approprier un élément qui est important à leurs yeux et de ne pas vouloir le partager (du moins sans conditions). S'ils doivent absolument tout partager, la frustration et l'intolérance se feront vite sentir !
* Être juste dans nos règles qui sont applicables à tous. Le cadet n'a pas le droit de tout faire seulement parce que lui, il est petit !
* Appliquer une règle de « non-violence » ou de « tolérance zéro ». Indiquer clairement que la violence, le dénigrement, les surnoms, ne sont pas tolérés et amèneront automatiquement une conséquence.

Bien que nous puissions réduire la rivalité entre frères et sœurs en adoptant certains de ces comportements ou attitudes, il ne faut pas se culpabiliser de constater que la chicane est présente malgré tout. Certains enfants ont des personnalités qui sont malheureusement incompatibles et qui ne s'entendront jamais à la merveille, peu importe le savoir-faire ou les efforts des parents.

Il est intéressant de constater que le plus souvent, c'est en voulant à tout prix que nos enfants s'aiment qu'ils finissent par se détester. À l'inverse, c'est en acceptant l'idée *qu'ils ne sont pas tenus de toujours s'apprécier* et que les querelles ne sont pas le signe d'un échec en tant que parent, que nous aboutissons à un climat familial qui leur permet de mieux cohabiter et même... de s'aimer !

Que fait-on à l'arrivée d'un nouveau-né ?

L'arrivée d'un nouveau-né enclenche bien souvent de la jalousie de la part de nos enfants, qui devront maintenant « partager » le temps et l'attention des parents. Les enfants âgés de 1 à 3 ans sont ceux qui ont tendance à ressentir le plus fortement de la jalousie envers le bébé. Leurs réactions peuvent parfois être fortes : « Maman, je veux que tu le renvoies à l'hôpital ! », « Maman, je ne veux plus de petit frère, je veux qu'il parte. » Des réactions qui peuvent même susciter de la violence physique. Pour les plus vieux, cette jalousie peut être plus subtile ou sournoise (câlins trop intenses ou brutaux...).

Il est donc conseillé de bien préparer notre enfant à l'arrivée d'un nouveau-né afin d'atténuer leurs réactions de jalousie. De plus, il faut absolument éviter à tout prix de délaisser les « plus vieux » en mettant toute notre attention sur le nouveau-né !

Les parents doivent particulièrement être attentifs aux besoins de leur enfant et continuer à leur accorder du temps privilégié (jeux, contes, câlins...). Cela est tout particulièrement vrai pour les mamans qui ont parfois tendance à s'occuper exclusivement du nouveau-né (en se disant que le père va prendre la relève envers le ou les aînés). Ils ont tellement besoin de se faire sécuriser sur l'amour qu'on leur porte. Il faut donc, comme parent, tenter de réagir positivement à ce besoin et être à l'écoute des comportements parfois dérangeants

« Ils se disputent toujours ! »

des aînés en les interprétant comme des façons d'obtenir de l'attention.

Parfois, les besoins de nos enfants ne changent pas avec l'arrivée d'un nouveau-né. Certains parents ne le voient pas ainsi et ont plutôt tendance à augmenter automatiquement d'un cran le niveau de maturité et leurs exigences envers l'aîné. Ne leur demandons donc pas de « vieillir » plus vite pour autant !

Voici donc quelques conseils afin d'atténuer cette jalousie ou cette nouvelle rivalité.

* Redoubler d'attention envers notre aîné, être à son écoute.
* Essayer de conserver les mêmes habitudes qu'auparavant avec l'aîné : lecture d'histoires, le bercer, faire des jeux...
* Lui envelopper un cadeau de la part du bébé et lui offrir à votre retour de l'hôpital.
* Ne pas empêcher l'enfant d'entrer en contact avec le nouveau-né (toucher, cajoler, donner des becs).
* Impliquer son enfant dans les petits travaux ou interventions auprès du bébé (aller chercher une couche, apporter la suce...). Ce sont des occasions de le remercier pour ces gestes et de le valoriser dans son nouveau rôle d'aîné. Il risque même d'y prendre goût !
* Réserver des moments privilégiés et exclusifs avec son enfant (sortie, repas au resto...)
* Éviter de le faire garder (sous prétexte de permettre au parent de s'adapter avec le nouveau-né).

Que ce soit sous forme d'agressivité, de jalousie ou de régression, il ne faut surtout pas tenir l'enfant responsable. Le message qu'il nous envoie est le même et il est clair : il a besoin de notre attention et besoin de se faire rassurer sur l'amour qu'on lui porte. C'est une situation normale dont nous devons tenir compte en tant que parents et modifier notre attitude en conséquence !

Les psy-trucs de 3 à 6 ans

Est-ce différent dans les familles recomposées ?

La rivalité entre frères et sœurs est un phénomène normal qui se traduit par ces incessantes querelles qui meublent tant la majorité des familles. La situation prend cependant une tournure beaucoup plus complexe quand il s'agit d'enfants d'une famille recomposée.

Bien que les deux partenaires aient choisi de vivre ensemble, il en est tout autrement des enfants qui doivent maintenant partager leur quotidien avec de nouveaux « frères » ou « sœurs ». Il n'est surtout pas garanti qu'ils réussiront à s'accepter ou à s'entendre facilement, particulièrement au début ! Leur manque d'histoire commune, de vécu commun, les différences dans les habitudes, les mentalités et les valeurs entraînent forcément une certaine distance et peuvent devenir source de conflits ou de querelles. Ce n'est qu'avec le temps que ces enfants réussiront à reconstruire progressivement un climat familial commun.

Voici quelques trucs qui permettront peut-être de faciliter les relations entre les enfants d'une famille recomposée.

* Leur laisser le temps de s'apprivoiser, de se connaître. Il ne faut pas les forcer à faire des choses ensemble et, surtout, ne pas exiger qu'ils s'entendent « comme frères et sœurs » ! Faire preuve de patience, il faut respecter leur rythme.
* Essayer de découvrir les intérêts communs, les activités préférées qu'ils pourraient peut-être aimer partager.
* Essayer de garder les liens de communication bien ouverts. Être attentif à leurs besoins et créer des occasions d'en parler. Le repas, par exemple, peut devenir un moment pour chacun d'exprimer ses préoccupations ou ses besoins.
* Faire des choses ensemble afin d'aider tout le monde à mieux se connaître et développer ainsi une certaine forme de complicité (activités de groupe, des jeux…).
* Être prudent et demeurer objectif. Les règles et les attentes devront être les mêmes pour vos propres enfants que pour ceux du nouveau conjoint.

« Ils se disputent toujours ! »

Si les disputes persistent et qu'il y a mésentente persistante entre les enfants, il est possible de faire appel à un intervenant (psychologue, travailleur social...). Il faut cependant réaliser que dans toute famille, la rivalité entre frères et sœurs et les querelles sont monnaie courante, et ce sera également le cas dans les familles recomposées !

Les psy-trucs de 3 à 6 ans

Les psy-trucs

1. Réaliser, comme parent, que la rivalité fraternelle et les querelles sont monnaie courante dans la majorité des familles. Il ne faut pas s'en culpabiliser puisqu'elles sont même bénéfiques pour le développement de nos enfants.
2. En règle générale, il est conseillé de laisser le soin aux enfants de régler *eux-mêmes* leurs conflits (tout en surveillant du coin de l'œil la scène afin d'intervenir si la dispute dégénère).
3. Si une intervention de notre part est requise, écouter chacune de leur version, récapituler le problème, puis laisser un peu de temps pour qu'ils trouvent eux-mêmes une solution, sans quoi vous appliquerez *votre* solution (qui devra être la plus impartiale possible).
4. Il ne faut jamais tolérer ou accepter des paroles ou des gestes violents, dénigrants, humiliants ou méprisants.
5. Éviter les comparaisons qui alimentent tant la jalousie. Il est important de s'adresser à nos enfants sans les comparer à leurs frères ou sœurs.
6. Éviter d'imposer à l'aîné de toujours faire le compromis.
7. Éviter de prendre position quand on n'est pas au courant de tous les détails et de la façon que tout s'est déroulé.
8. Éviter l'indifférence totale ou la non-intervention absolue.

La discipline : tout un défi !

Les psy-trucs de 3 à 6 ans

> *Les questions que tout parent se pose :*
>
> * Quelle est l'importance de la discipline pour mon enfant ?
> * À quel âge commence-t-on cette discipline ?
> * Comment faire respecter la discipline ?
> * Est-ce normal que notre enfant s'oppose aux règles et de devoir toujours répéter ?
> * Quand doit-on intervenir ?
> * Comment intervenir devant un comportement inadéquat ?

« Jonathan, c'est la dernière fois que je te le répète ! Viens ranger tes jouets. » « Jonathan, tu le sais qu'il est interdit de manger dans le salon. » « Bon là, je vais me fâcher, tu vas aller te coucher. » Avez-vous l'impression de répéter inlassablement les consignes, de toujours réprimander votre enfant, d'avoir continuellement recours aux punitions, bref de constamment jouer à la police ? C'est malheureusement le lot de la majorité des parents pour qui l'application de la discipline peut devenir un véritable cauchemar !

Quelle est l'importance de la discipline pour mon enfant ?

> **Discipline :** Obéissance à un ensemble de règles de conduite qui régissent une collectivité, un groupe en vue d'assurer son bon fonctionnement.

La discipline : tout un défi !

Nos enfants sont des êtres en construction et la discipline permet de leur montrer ce qui est bien et ce qui est mal, ce qui est acceptable dans la famille ou dans la société et ce qui ne l'est pas. C'est l'enseignement des règles de base et des valeurs que l'on veut prôner. Puisque c'est un apprentissage, il est normal que notre enfant ne sache pas toujours que ce qu'il fait n'est pas acceptable ou qu'il ait parfois des comportements inadéquats. C'est là que nous devons intervenir et agir.

Les parents qui ont à cœur de donner le meilleur pour leurs enfants comprendront que leur bonheur et leur développement passent par l'éducation, laquelle inclut l'apprentissage des règles, des limites et nécessite un minimum d'encadrement. Il est important d'assurer cette discipline et d'imposer, au quotidien, nos règles et nos limites avec constance et fermeté.

Nous voulons évidemment ce qu'il y a de mieux pour notre enfant. Nous désirons lui donner tous les outils nécessaires à son plein épanouissement, nous souhaitons qu'il grandisse en se sentant aimé et voulons éviter de le brimer. Mais notre rôle consiste à voir à son bien-être *tout en s'assurant d'établir un encadrement ferme et faire respecter les règles et les limites* qui sont tout aussi importantes, voire essentielles, à son bon développement. Elles permettent de fournir un encadrement dont les bienfaits sont évidents. L'encadrement :

* permet de bâtir un environnement et de fixer des repères qui se veulent rassurants pour notre enfant, et qui lui procurent un milieu familial réconfortant ;
* répond au besoin de sécurité de l'enfant, ce qui favorise le développement de sa confiance et de son estime de soi (voir « Je suis pas bon, moi ! », page 115) ;
* permet à l'enfant de distinguer le bien du mal, ce qui est acceptable et ne l'est pas ;
* aide l'enfant à faire des compromis, à accepter les règles. Des notions qui l'aideront à interagir adéquatement avec les autres et à bien s'intégrer en groupe et dans la société.

Les psy-trucs de 3 à 6 ans

La famille : un équipage à mener à bon port !

On pourrait comparer une famille à un équipage de bateau sur lequel les parents sont les capitaines et les enfants, eux, les matelots ! Le capitaine assure les commandes et fait respecter la discipline et les règles. Bien que les matelots se plaisent parfois à confronter certaines de ces règles (le couvre-feu, les quotas...), ils savent qu'elles sont essentielles au bon fonctionnement général du navire. En fait, ils se sentent même sécurisés à l'idée qu'elles existent et qu'elles sont bien appliquées.

Dans un tel périple, il ne serait certainement pas souhaitable que tout un chacun veuille diriger les manœuvres comme bon lui semble, sans autorité et discipline. Cela mènerait certainement le bateau à la dérive ! D'ailleurs, un matelot se sentirait sûrement insécure d'avoir un capitaine qui ne fait pas respecter les règles et la discipline sur son bateau. Si tel était le cas, l'équipage aurait tôt fait d'enclencher, dans son propre intérêt et pour sa survie, une mutinerie afin de « libérer » le capitaine de ses fonctions, n'est-ce pas ?

N'ayons donc pas peur d'assumer ce rôle de capitaine qui consiste à assurer un bon climat sur le bateau sans oublier de rappeler à l'ordre notre équipage afin de le mener à bon port !

Cette discipline est importante et implique des règles qui seront modifiées en cours de route, selon l'âge de notre enfant, et qui lui permettront de devenir, un jour, un adulte responsable capable d'affronter les règles de la société et les réalités de la vie.

Cet enseignement est un élément clé dans la vie de notre enfant. C'est un des rôles parentaux les plus importants, mais en même temps, celui qui est probablement le plus exigeant et le plus difficile à assumer avec constance !

La discipline : tout un défi !

À quel âge commence-t-on cette discipline ?

C'est entre 2 et 5 ans que nos tout-petits acquièrent les notions de respect et d'autorité, se familiarisent avec la discipline et apprennent à vivre en fonction des règles et des contraintes qu'on établit. Évidemment, c'est aussi à cet âge « si mignon » que les parents ont tendance à laisser aller, à succomber aux moindres demandes et à tout tolérer. C'est là le défi des parents : savoir établir les limites, savoir dire non !

En fait, dès l'âge d'environ 9 mois, on peut commencer à fixer des limites à notre enfant et lui dire NON afin qu'il apprenne progressivement que tout n'est pas possible, que tout n'est pas permis. Il a besoin de la limite que ce « non » lui fournit et de l'encadrement que cela lui procure afin de bâtir sa confiance, sa sécurité et être en mesure de grandir.

Les enfants à qui on n'a jamais dit non perdent leurs repères, ne connaissent pas les limites permises et acceptent difficilement de se voir refuser leurs demandes (même quand ils sont adultes !). Dans certains cas, on peut parler d' « enfants-rois ». (Voir « Le "roi" de la maison ? », page 17).

Certains parents n'osent pas dire non par peur de ne pas être aimés, peur de « brimer » leur enfant dans leur épanouissement, peur d'être trop sévères ou simplement pour éviter l'argumentation (les pleurs, les crises…) ou se déculpabiliser du manque de temps passé avec l'enfant. Mais ce n'est que partie remise ! Cette attitude peut malheureusement les rattraper et avoir des effets néfastes à plus long terme. Ils risquent, un jour ou l'autre, de perdre le contrôle et d'être exaspérés par les comportements indésirables de l'enfant. Il sera alors un peu tard pour réagir et tenter d'imposer un encadrement et de nouvelles limites sans que l'enfant surréagisse ou sans qu'il devienne un peu confus devant cette nouvelle attitude ou ce soudain acharnement de votre part. Il risque aussi de se culpabiliser de faire autant de peine, de susciter autant de réactions négatives et aura tendance à se percevoir négativement, à se sentir méchant ou à avoir peur de ne plus être aimé.

Bref, mieux vaut assurer un bon encadrement dès le jeune âge, de façon progressive, au fur et à mesure que les situations se présentent à nous. C'est un travail de longue haleine et qui demande beaucoup d'énergie et de la discipline de la part des parents. Les résultats en valent par contre la peine et faciliteront notre tâche dans le futur.

Comment faire respecter la discipline ?

Bien que nous soyons tous d'accord avec l'importance d'imposer des limites à notre enfant et de lui enseigner les bonnes règles de conduite, l'application de cette discipline avec efficacité et constance est bien souvent très ardue dans la réalité de tous les jours. Nous voulons tous que nos enfants soient bien éduqués mais en même temps, nous ne voulons pas tomber dans le piège du parent-policier pour qui les seules interventions auprès de notre enfant se limitent à des interdits ou des réprimandes.

Des règles trop rigides et imposées dans un climat constamment négatif (sans respect, avec dénigrement ou même avec violence verbale ou physique) peuvent nuire à l'épanouissement de notre enfant, le brimer et sérieusement hypothéquer son estime de soi. (Voir «Je suis pas bon, moi!», page 115). Éduquer un enfant n'est pas synonyme de «dressage» mais fait plutôt référence à l'apprentissage de la vie.

Tout est donc une question d'équilibre entre ce qui est toléré et ce qui ne l'est pas. C'est également une question de dosage sur la façon que nous appliquons la discipline auprès de notre enfant.

Une chose est sûre, que ce soit à la maison, à la garderie ou à l'école, nous devons amener notre enfant à accepter les règles de conduite ou les consignes de base. Exemples :

- ✳ Ne pas crier dans la maison
- ✳ Attendre son tour pour parler
- ✳ Ramasser ses jouets après le jeu
- ✳ Ne pas courir dans la maison
- ✳ Dire SVP et Merci
- ✳ Ne pas frapper les autres
- ✳ Dire bonjour, etc.

La discipline : tout un défi !

Voici quelques conseils concernant le choix ou l'application de ces règles.

* S'assurer que les règles sont adaptées à l'âge de l'enfant.
* Avoir des règles simples et les expliquer clairement (pas de confusion).
* Limiter le nombre de règles (qu'il sera difficile de toutes les appliquer sans faille).
* Se mettre d'accord entre parents sur les consignes à faire respecter.
* Appliquer la règle avec constance. Si vous le tolérez un jour et ne l'acceptez pas le suivant, l'enfant sera confus.
* Ne pas hésiter à rappeler les consignes, c'est inévitable ! Les enfants ont une mémoire à court terme et leur rappeler les consignes avec calme et respect les aidera.
* Prêcher par l'exemple ! Nous sommes leur modèle.

La loi des 5C

Voici cinq caractéristiques que doivent comporter nos règles et la façon de les appliquer.

1. **Claires :** Les règles de vie à la maison doivent être clairement expliquées à notre enfant. Il doit *savoir* ce qui est permis et ce qui ne l'est pas.
2. **Concrètes :** Les règles doivent être concrètes pour que l'enfant puisse les comprendre et les appliquer adéquatement. Il est plus concret de demander à son enfant de ramasser ses vêtements que de lui demander que sa chambre soit propre.

Les psy-trucs de 3 à 6 ans

3. **Constantes :** Probablement un des principes les plus difficiles à appliquer chez les parents, intervenantes en garderie ou enseignants. Les règles ne doivent pas changer selon l'humeur des adultes, selon la journée ou selon le parent. Constance veut aussi dire fermeté. Si vous tolérez un comportement un jour et ne l'acceptez pas le suivant, l'enfant sera confus. La constance est sécurisante pour l'enfant, cela lui permet de prévoir les réactions de ses parents. La fermeté ne veut pas non plus dire rigidité. On peut suspendre temporairement une règle pour une occasion spéciale (une fête par exemple), mais il faut expliquer clairement que c'est une exception, que c'est un privilège.
4. **Cohérentes :** Les parents sont les modèles pour leur enfant. Il faut donc, nous aussi, respecter les règles de vie que nous avons mises en place à la maison, par exemple : le respect, la politesse...
5. **Conséquentes :** Les enfants ont tous, à divers degrés, une tendance à défier les règles ou à vouloir repousser les limites, d'où l'importance d'établir des conséquences à ces écarts de conduite. Idéalement la conséquence doit avoir un lien avec le non-respect de la règle. Exemple : la règle est de ne pas manger dans le salon et la conséquence : interdiction de télévision pour la soirée.

Si les conséquences sont logiques et raisonnables, elles permettent à l'enfant de développer son sens des responsabilités. Même s'il est normal que notre enfant transgresse nos règles, il ne faut pas tomber dans le piège de donner mille et une chances.

La discipline : tout un défi !

Est-ce normal que notre enfant s'oppose aux règles et de devoir toujours répéter ?

Tous les enfants ont tendance, à divers degrés, à avoir de mauvais comportements ou à défier les règles. Puisque nous aspirons tous à avoir des enfants qui se conduisent bien en tout temps, ces écarts de conduite peuvent nous affecter comme parents.

Les comportements qui dérangent le plus souvent sont :

* mauvais langage ;
* comportements agressifs (violence, crise de colère…) ;
* refus de faire ce qu'on demande ;
* non-respect des règles de vie, des règles de base.

Ces écarts de conduite sont généralement provoqués pour les raisons suivantes :

* **Impulsivité :** Ils agissent et, ensuite, ils réfléchissent. Les enfants ne sont pas toujours en mesure d'évaluer le niveau de dangerosité ou l'impact d'actions telles que lancer des roches ou pousser son frère.
* **Besoin de comprendre :** Certains refus de collaborer ou de respecter une règle proviennent du besoin de comprendre pourquoi on lui dit non ou de comprendre les raisons qui justifient la règle en question. C'est pourquoi nous devons occasionnellement expliquer à nouveau ce qui motive ces règles.
* **Besoin d'extérioriser sa frustration :** Les enfants défient parfois notre autorité et nos règles parce qu'ils sont en colère contre nous ou exaspérés de se faire dire quoi faire. Les enfants qui sont repris continuellement auront plus tendance à défier les règles, parce qu'ils ont un sentiment de rancœur ou de colère qui les habite.
* **Besoin d'attention :** Les enfants cherchent parfois l'attention des parents, peu importe le moyen. Évidemment, ils l'obtiennent

facilement quand ils font de « mauvais coups » ! Si nous oublions de les féliciter pour leurs bons comportements et de leur donner l'attention dont ils ont besoin d'une façon agréable et positive, ils auront tendance à se comporter de façon désagréable pour rechercher notre attention... négative.

Ces comportements, qu'ils soient occasionnels ou soutenus (parfois sur de courtes périodes), sont donc normaux. Tous les enfants ressentent le besoin, à un moment ou l'autre, de se frotter à l'opposition du parent (ou autres figures d'autorité telles que gardiennes, intervenants ou enseignants). Ce niveau d'opposition et de frustration qui se bâtit chez l'enfant fait partie de son apprentissage, de sa phase d'affirmation et contribue à définir et à construire sa propre personnalité.

Il est donc très important qu'on prenne conscience que cette opposition est « normale » et qu'il ne faut pas nécessairement la voir comme un affront direct envers soi. On doit assumer ces désaccords qui se présentent et éviter de réagir de manière excessive en tournant cette situation en confrontation. Prenons une bonne respiration, disons-nous « O.K., c'est normal qu'il réagisse ainsi, il s'exprime, ça fait partie de son développement, etc. », puis intervenons avec calme. « Je comprends que tu n'aimes pas ça, mais c'est comme ça » ou « Je sais que tu es déçu, triste, en colère, mais... », « Je comprends, c'est difficile de ne pas toujours faire ce qu'on veut mais... ».

Il ne faut surtout pas succomber (n'oubliez pas : la constance et la fermeté !). Si l'enfant comprend la consigne, réalise qu'elle est claire et qu'elle sera toujours appliquée (sans exceptions et sans négociations), il n'aura pas le choix de l'accepter et il passera naturellement à autre chose. Les règles seront donc graduellement acquises et feront désormais partie intégrante de sa vie... Jusqu'au prochain rappel !!!

La discipline : tout un défi !

Répéter... Répéter... Répéter...

C'est là un fait commun à tout parent : devoir continuellement rappeler notre petit monde à l'ordre ! Il y a cependant une distinction à faire entre *rappeler* régulièrement les règles (ce qui fait partie de l'apprentissage de notre enfant) et *répéter* plusieurs fois la même consigne ou demande avant d'intervenir.

Lorsqu'il s'agit d'une demande, il faut éviter de négocier et répéter sans cesse. Nos enfants connaissent nos limites et savent le nombre de fois qu'ils peuvent faire répéter leur entourage (Ex. : Maman trois fois, Papa deux fois. Grand-Maman... peut-être six fois). Entre ces répétitions, ils savent qu'ils peuvent continuer à jouer ou prolonger ce qui leur plaît de faire, alors pourquoi écouter du premier coup ? Répéter sans cesse, c'est encourager notre enfant à prolonger et, surtout, à ne pas écouter dès la première demande. Il est plutôt recommandé de répéter une seule fois la demande en précisant quelle sera la conséquence attendue puis agir s'il le faut.

Quant aux règles, elles devront inévitablement être rappelées afin qu'elles soient intégrées dans leurs habitudes, dans leur mode de vie. Cela fait partie de leur apprentissage, de leur éducation. Même en vieillissant, nous sommes parfois étonnés de devoir rappeler à nos enfants certaines règles que l'on croyait pourtant acquises !

Cela fait partie de notre rôle comme parent, notre rôle de « coach » de vie !

Quand doit-on intervenir ?

Il est parfois difficile, comme parents, de savoir quels comportements devraient être punis et lesquels devrait-on laisser passer. Certains se sentent trop permissifs et d'autres ont l'impression de toujours être sur le dos de leur enfant.

Commencez par faire respecter les règles de base de la vie de famille, celles qui sont *non négociables* : les comportements à la table, l'heure du coucher, la politesse... Identifiez ensuite les comportements qui vous dérangent le plus ou qui affectent le plus négativement la vie familiale. C'est à ce niveau qu'il est parfois difficile de savoir si on doit intervenir. Voici deux questions pouvant vous aider :

1. Le comportement est-il dangereux ?
2. Est-ce un comportement qui va à l'encontre de nos valeurs ou des règles en société ?

Nous devrions toujours intervenir dans de telles situations. C'est le cas lorsqu'un enfant court dans la rue ou frappe son voisin, puisque ces comportements sont dangereux pour lui ou les autres. Un enfant qui est impoli devrait être repris en tout temps parce que ce comportement ne sera pas plus toléré en famille, à l'école, à la garderie et dans la société en général. Par contre, un enfant qui se lève de table dès qu'il a terminé son assiette peut être un comportement toléré par certains parents et être repris par d'autres (selon nos règles de vie ou nos critères personnels).

En fait, l'important est de ne pas imposer trop de règles (qui seraient alors difficilement applicables en tout temps par l'enfant). En étant trop strictes, nous risquons de toujours être en mode intervention auprès de notre enfant et ainsi manquer les occasions d'exprimer notre respect, notre fierté et notre affection pour eux. Il faut aussi s'assurer que les règles *respectent le groupe d'âge de notre enfant* et de ne pas punir pour des fautes ou des erreurs qui font partie de l'apprentissage de l'enfant. Il serait peut-être excessif d'exiger de Joanie, 3 ans, de faire son lit tous les matins, de réprimander Antoine qui fait du bruit en jouant au camion ou de punir Sébastien qui a renversé du lait en essayant de se servir lui-même !

Il est à noter que les punitions/conséquences sont des moyens d'intervention qui vont perdre leur effet si l'on s'en sert trop souvent et

La discipline : tout un défi !

qui finiront par atteindre l'estime de soi de l'enfant. Il faut donc lui donner une certaine marge de manœuvre adaptée à son âge et à ses capacités. Il faut éviter d'intervenir excessivement, sans quoi l'enfant va devenir « immunisé » et nos interventions risquent d'avoir de moins en moins d'impact !

Comment intervenir devant un comportement inadéquat ?

Il est normal que les enfants veulent occasionnellement s'opposer aux consignes, défier les règles ou repousser nos limites. Dans le cas où le parent se retrouve dans une situation l'obligeant à répéter la consigne ou la demande, il est possible d'aller chercher l'enfant par la main et l'amener à faire ce qui a été demandé (venir manger, s'habiller, ranger son jouet, se laver les mains…). C'est une façon de faire comprendre à notre enfant que la demande est claire, importante et qu'il n'a pas le choix de la respecter.

Dans le cas où l'enfant ne collabore pas du tout, les parents n'auront pas le choix (et devront absolument) informer l'enfant de la conséquence qui l'attend et l'appliquer si nécessaire. Si vous n'appliquez pas cette conséquence, vous risquez de perdre votre crédibilité et le respect de votre autorité. De plus, l'enfant qui aura détecté cette faiblesse risque de recommencer la prochaine fois. Cette conséquence devra être réaliste, de courte durée et applicable dans l'immédiat.

Exemples : Jonathan perd le privilège de jouer avec son camion pour la journée après l'avoir lancé. Léa, à qui nous avons demandé à deux reprises de ranger ses jouets, peut être privée de son émission de télé favorite. Benjamin, qui a frappé son petit frère, est mis en réflexion sur une chaise (pour quelques minutes, le temps qu'il se calme). Malgré notre avertissement, Sébastien ne respecte pas son tour ou les règles du jeu. Il se voit, par conséquent, exclu du jeu.

Il faut également intervenir rapidement. Trop souvent, les parents tolèrent longuement un comportement, répètent à maintes reprises ou négocient interminablement pour finalement exploser et appliquer des conséquences démesurées de façon inappropriée et dans un état colérique qui n'est pas souhaitable. Vaut mieux éviter ces situations et intervenir dès la première occasion.

Méthodes d'intervention
Notre façon de réagir et de faire comprendre à notre enfant que nous désapprouvons son comportement a toute son importance. Certaines méthodes s'avèrent efficaces (période de réflexion, sens de l'humour, Le « 1-2-3 magique »...) et d'autres sont à proscrire (fessée, menaces, isolement, dénigrement...).

Voir « Va dans ta chambre ! », page 145.

Dans toutes nos interventions, il est important de faire sentir à notre enfant que ce n'est pas lui en tant que personne que nous remettons en cause, mais son comportement, et ce, afin de ne pas nuire à son estime de soi et à son sentiment de sécurité. Il est également important de mettre tout autant l'accent sur les bons coups que sur les bons comportements adoptés afin de l'encourager, bref, faire du renforcement positif. « Wow ! Tu as tout rangé tes jouets. », « Bravo, tu as dit SVP et Merci à Jonathan pour le morceau de chocolat ! »

L'éducation de nos enfants n'est pas une mince tâche et demande de la persévérance et de la discipline comme parents ! Les résultats en valent cependant la peine puisqu'il n'en sera que plus facile à l'adolescence. En commençant tôt et en appliquant nos limites et nos règles avec constance dans un climat de respect et d'amour, nous contribuons à leur apprentissage de la vie et au développement d'un individu qui aura l'estime, la confiance et les outils nécessaires pour devenir un adulte responsable qui saura se débrouiller dans la vie !

La discipline : tout un défi !

Les psy-trucs

1. Prendre conscience qu'un bon encadrement, ainsi que des règles et des limites claires sont essentiels au bon développement de notre enfant.
2. Commencer tôt et progressivement : ce sera plus facile dans le futur !
3. Avoir des règles adaptées à l'âge de l'enfant, simples et clairement expliquées (pas de confusion).
4. Se mettre d'accord entre parents sur les règles à faire respecter.
5. Appliquer les règles avec constance, au quotidien (ne pas les interdire un jour et les tolérer le suivant, sinon l'enfant sera confus).
6. Accepter le fait qu'il soit normal que notre enfant défie occasionnellement les règles ou s'oppose à nos demandes (affirmation de soi), mais ne pas succomber pour autant (ce serait pourtant si facile !).
7. Éviter de répéter sans cesse les consignes avant d'intervenir.
8. Informer notre enfant des conséquences attendues en cas de non-respect des consignes et les appliquer si nécessaire.
9. Appliquer des conséquences réalistes, de courte durée et applicables dans l'immédiat autant que possible.
10. Ne pas abuser des conséquences : elles perdront leur effet souhaité et atteindront l'estime de soi de l'enfant.
11. Faire du renforcement positif : féliciter les bons comportements tout autant !

« Pourquoi Papa, pourquoi ? »
L'âge du pourquoi

> *Les questions que tout parent se pose :*
>
> * **Est-ce normal que mon enfant pose autant de questions ?**
> * **Est-ce important de répondre à leurs multiples questions ?**
> * **Comment réagir ou répondre adéquatement ?**

Votre enfant de 3 ou 4 ans vous « harcèle » de questions à longueur de journée : Pourquoi le ciel est bleu ? Comment on fait les bébés ? Pourquoi les oiseaux volent et pas nous ? Pourquoi ? Pourquoi ? Pourquoi ? Cette période qui exaspère parfois bien des parents à bout de souffle ou à court de réponses est généralement appelée « l'âge du pourquoi » !

Est-ce normal que mon enfant pose autant de questions ?

Cette période de questionnement est tout à fait normale et commence généralement vers l'âge de 3 ans. À cet âge, l'enfant débute sa vie sociale, il se distance progressivement de ses parents et découvre le monde qui l'entoure. Non seulement il le découvre, mais il le questionne, ce qui est très positif. Leurs multiples questions sont donc un signe d'éveil.

Cette période est particulièrement intense entre 3 et 6 ans, période pendant laquelle il découvre et entend beaucoup de choses autour de lui qu'il voudrait bien comprendre. Les enfants ont donc naturellement cette tendance à poser un grand nombre de questions sur tout et sur n'importe quoi, des questions qui arrivent parfois en rafales... au grand désespoir de certains parents :

— Pourquoi il faut boire du lait ?
— Parce que c'est bon pour tes os...

« Pourquoi, Papa, pourquoi ? »

— Pourquoi ?
— Parce que ça les aide à grandir...
— Pourquoi tu ne bois pas de lait toi ?
— Parce que j'en ai moins besoin, j'ai fini de grandir...
— Pourquoi tu as fini de grandir ?
— Parce qu'en vieillissant, on arrête de grandir...
— Alors tu es vieille ? Comme Grand-Maman ?...

Est-ce important de répondre à leurs multiples questions ?

Devant ces interminables questions, bien des parents souhaiteraient, pour quelques instants, que leurs enfants « cessent de parler » ! D'autres ne prennent pas vraiment le temps de leur répondre, par manque de réponses valables, par manque de temps ou par manque d'énergie. Ces enfants ont alors tendance à arrêter de poser des questions... malheureusement !

De toute évidence, répondre aux questions de nos enfants fait partie de notre rôle de parent, un rôle que nous devrions tenter d'assumer du mieux que nous le pouvons, pour bien des raisons.

* **La curiosité est un élément important du développement de notre enfant.** En répondant à ses questions, on encourage une attitude d'ouverture et un esprit d'analyse ou de critique face au monde qui l'entoure. Ce sont là des attitudes qui seront toujours utiles, et ce, pour le reste de sa vie. À l'inverse, en évitant de répondre à ses questions ou en les ignorant de façon soutenue, nous risquons de freiner son évolution et sa curiosité. D'ailleurs, à l'école, les enfants qui posent peu de questions aux professeurs se retrouvent parfois en difficulté, par manque d'informations.
* **Nos enfants méritent nos réponses.** Ignorer les questions de notre enfant, c'est en quelque sorte lui manquer de respect ou lui envoyer le message qu'il n'est pas assez important à nos yeux pour s'en préoccuper. Voilà qui n'est guère bon pour son

estime de soi. Si notre enfant a la curiosité et le courage de formuler et de poser une question, la moindre des choses serait de lui répondre, n'est-ce pas ?

* **Des questions qui les préoccupent ?** Il faut aussi prendre conscience que plusieurs questions de nos enfants ne sont pas nécessairement dues à leur simple curiosité, mais elles peuvent aussi révéler une situation qui les trouble ou les préoccupe. « Maman, est-ce que les fantômes existent ? » « Maman, est-ce que tu vas toujours être avec moi, est-ce que tu vas mourir ? » Nos explications deviennent donc un excellent moyen de les sécuriser en répondant à ce besoin de réconfort.

Nous avons avantage à être à l'écoute de nos enfants, être attentifs à leurs questions et être motivés à leur répondre du mieux que nous le pouvons. Arrêter notre travail ou notre activité pour quelques instants afin de prendre le temps de s'asseoir avec notre enfant et lui expliquer ces différentes choses de la vie qui l'intriguent ou qui le préoccupent constitue un moment privilégié parent-enfant qu'il saura apprécier. C'est un geste riche de conséquences positives qui lui démontrera qu'il est important à nos yeux. C'est finalement un excellent moyen de montrer que nous sommes présents *pour eux* et de constituer une base solide de leur estime de soi !

Comment réagir ou répondre adéquatement ?

Nous n'avons pas toujours les réponses claires aux multiples interrogations de nos enfants. Il nous arrive également de ne pas trop savoir comment réagir devant certaines questions embarrassantes qui peuvent parfois nous surprendre ou nous mettre mal à l'aise : « Comment on fait des bébés ? », « C'est quoi faire l'amour » ?... Devons-nous avoir réponse à tout ?

En fait, toute question mérite une réponse. Si notre enfant a la curiosité et le courage de poser une question, il mérite qu'on lui réponde. De toute façon, si vous ignorez ses questions ou ne lui répon-

« Pourquoi, Papa, pourquoi ? »

dez pas, il risque d'aller chercher ses réponses ailleurs ou d'arrêter simplement de se questionner... ce qui serait dommage ! Voici quelques conseils :

* **Éviter de faire diversion ou d'ignorer les questions.** Il finira par croire que cela ne vous intéresse pas et aura même l'impression que vous ne vous intéressez pas à lui !
* **Éviter de lui interdire de poser des questions (ou lui dire de se taire),** sans quoi il finira par se refermer sur lui-même. Un tel comportement pourrait éventuellement mener l'enfant à ne plus vouloir émettre son opinion ou se confier à vous... Ce qui serait regrettable pour la relation présente et future avec lui.
* **Éviter les longues explications.** Essayer de donner des explications simples avec des mots adaptés à son âge. Il ne sert à rien d'embarquer dans de longs discours ou explications puisque l'enfant n'en a pas besoin pour satisfaire sa curiosité. S'il désire en savoir davantage, il reviendra tout simplement à la charge avec d'autres questions plus précises (dans l'immédiat ou un peu plus tard).
* **Éviter de mentir.** Vaut mieux indiquer à notre enfant que nous allons lui répondre plus tard que de mentir à celui-ci, afin de préserver le lien de confiance.
* **Éviter de banaliser ou de ridiculiser la question.** Vous risquez de briser le lien de confiance qui vous unit tout en ayant un impact très négatif sur son estime de soi. Il aura également tendance à hésiter ou à éviter simplement de poser d'autres questions, même à l'école !
* **Vous ne connaissez pas la réponse ?** Ne culpabilisez pas. Avouez-lui que vous ne savez pas la réponse pour le moment mais que vous allez la chercher pour lui. Vous pouvez aussi l'orienter soigneusement vers une autre personne.
* **Questions en rafales ?** Dans le cas de questions sans fin (en rafales) qui viennent chercher tout ce qui reste de patience ou

d'énergie du parent, il est normal qu'on sente le besoin de détourner leur attention vers autre chose. « Bon, il est maintenant temps d'aller jouer... tu poseras tes autres questions demain O.K. ? » Il s'agit de leur faire comprendre que ce n'est que partie remise !

* **Félicitations !** N'hésitez pas à féliciter votre enfant d'avoir posé ses questions afin d'encourager ce comportement. C'est une attitude saine à développer, même pour plus tard.
* **La sexualité : questions embarrassantes ?** Dans le cas de questions qui nous mettent mal à l'aise (ces fameuses questions reliées à la sexualité par exemple), il faut essayer de répondre le plus clairement possible, mais avec des mots adaptés à l'âge de l'enfant. Éviter de donner des réponses confuses ou de tourner autour du pot. Il faut également éviter de lui faire comprendre que ce n'est pas une bonne question, sinon il croira que sa curiosité est malsaine ou qu'il a fait quelque chose de mal en la posant. Si vous ne vous sentez pas prêt à répondre, dites-lui simplement : « C'est une bonne question et si tu veux, je vais t'expliquer ça demain. » Vous aurez alors le temps d'y penser et peut-être même de vous trouver des moyens d'accompagner vos explications (livres pour enfant sur la sexualité...) (Voir « Comment on fabrique des bébés ? » page 165).

L'important est donc de prendre le temps de répondre du mieux que nous pouvons et le plus clairement possible afin de satisfaire le besoin de comprendre ce monde que notre enfant découvre graduellement. Nous établissons ainsi un lien de confiance important avec notre enfant qui saura qu'il peut compter sur nous !

« Pourquoi, Papa, pourquoi ? »

Les psy-trucs

1. Prendre conscience qu'il est normal que notre enfant, entre 3 et 6 ans, pose autant de questions : il découvre le monde qui l'entoure.
2. Toujours répondre à ses questions. Cela permet de bâtir le lien de confiance mutuel (parent-enfant) et son estime de soi.
3. Éviter de faire diversion, d'ignorer ou même de lui interdire de poser des questions, sans quoi il finira par se refermer sur lui-même ou ne voudra plus se confier.
4. Éviter les longues explications (donner des réponses simples avec des mots adaptés à son âge). Si l'enfant veut en savoir plus, il reviendra à la charge avec d'autres questions.
5. Être doublement attentif si les questions posées révèlent une situation troublante ou préoccupante pour l'enfant. Nos réponses combleront alors un besoin de réconfort.

« Maman, est-ce que le Père Noël existe ? »

Le monde imaginaire de nos enfants

Les questions que tout parent se pose :

* **Dois-je laisser mon enfant croire au Père Noël ?**
* **Est-ce sain pour le développement de mon enfant ?**
* **Entretenir ce mythe et... jouer le jeu ?**
* **Quand doit-on leur avouer la vérité ?**
* **Comment leur annoncer ?**

Le Père Noël, la fée des dents, les lutins, le lapin ou les cloches de Pâques occupent une place de choix dans le cœur de nos tout-petits, tant fascinés par ces personnages issus du monde imaginaire. Parmi ceux-ci, le Père Noël remporte certainement la palme sur le plan de la popularité : il dégage la bonté, la générosité, la bonne humeur et, par-dessus tout, c'est grâce à lui que nous avons les cadeaux tant souhaités et désirés durant toute l'année ! Malgré tout, nous sommes tous confrontés au dilemme : devrions-nous entretenir ce « petit mensonge » ? Quand devrions-nous leur avouer la vérité ?

Dois-je laisser mon enfant croire au Père Noël ?

De nombreux parents se posent la question, soucieux de savoir s'ils doivent mentir ou non à leurs enfants. Certains culpabilisent d'entretenir ce mythe de Noël et d'autres, au contraire, veulent le faire durer le plus longtemps possible ! La réponse : faites durer le plaisir, laissons-les être des enfants !

En fait, ne pas croire au Père Noël et tout ce merveilleux monde qui l'entoure ne serait-il pas l'équivalent de priver notre enfant de rêves, de fantaisie, de magie qui nourrissent tellement leur imagination et qui meublent tant toute enfance heureuse ?

Certains parents vont avouer (presque fièrement) que leurs enfants n'ont jamais cru au Père Noël. Malheureusement, lorsque ces

« Maman, est-ce que le Père Noël existe ? »

enfants sont interrogés afin de savoir s'ils auraient aimé y croire, ceux-ci répondent bien souvent par l'affirmative (timidement, craignant de décevoir leurs parents). Le regret ou le sentiment d'être passé à côté de quelque chose d'important se fait rapidement sentir.

Les enfants évoluent et sortent grandis de tout événement heureux et positif. Le Père Noël constitue une belle représentation de ce monde positif : un personnage bon, souriant, paternel, généreux... même envers ceux qui ont été « moins sages » ! Alors pourquoi voudrions nous rejeter ce personnage du monde imaginaire de notre enfant, au même titre que Mickey, Superman ?

Tout ce monde imaginaire suscite chez nos enfants la passion, la joie de vivre. Comment ne pas ressentir de belles et fortes émotions en voyant les yeux de notre enfant briller de tout leur éclat en présence du Père Noël ou devant le sapin si mystérieusement rempli de cadeaux au matin ! C'est un monde qui répond bien à ce besoin de positif, de magie et d'émerveillement dont ont besoin les enfants pour leur bon développement.

> *Je ne sais pas s'il faut croire au Père Noël, ni jusqu'à quel âge. Ce que je sais, c'est que je déteste ceux qui croient malin de détruire les rêves des enfants avant qu'ils aient eu le temps de leur dire adieu par eux-mêmes.*
>
> CHRISTIAN LEHMANN, AUTEUR

Est-ce sain pour le développement de mon enfant ?

Les enfants, jusqu'à l'âge de 6 ans, ont une imagination débordante. Ils vivent dans un monde mi-réel mi-imaginaire, peuplé de fées, de dragons, de héros et de personnages variés. Pour l'enfant, chaque situation devient l'occasion de se plonger dans son monde imaginaire. Cet univers occupe donc une place importante dans la vie de tous les jours tout en jouant un rôle prépondérant dans le développement psychique de l'enfant, et ce, à plusieurs niveaux.

Les psy-trucs de 3 à 6 ans

Stimulation de l'imagination

Les enfants ont un besoin profond de ce monde imaginaire afin de développer leur imagination et leur créativité et, par la même occasion, d'évoluer. Un enfant ne peut pas évoluer sainement s'il n'est placé que devant des faits réels ou devant la vérité pure et dure. C'est une question d'équilibre. Il a besoin de rêver et de se laisser aller dans la fantaisie pour pouvoir un jour devenir une personne ouverte et créative.

Cette stimulation de l'imagination permet aussi à l'enfant de prendre confiance en lui et en la vie (plus particulièrement entre 4 et 6 ans). Les enfants qui ont développé une bonne capacité à imaginer les choses sont plus aptes à se projeter dans le futur, à s'imaginer dans tel métier ou profession ou dans telle situation de la vie.

Besoin d'évasion

Les enfants ont un besoin de merveilleux et de fantastique afin de s'évader ou se prémunir occasionnellement contre les dures réalités du monde extérieur, qui peut être si exigeant et contraignant. Pour un adulte, c'est parfois difficile, alors imaginez pour nos tout-petits !

Que ce soit le Père Noël ou les contes de fées, ces fantaisies permettent à l'enfant de croire que quelque chose de merveilleux ou de positif peut leur arriver dans la vie. Cela est tout particulièrement significatif pour les enfants qui ont vécu des moments difficiles pendant l'année (divorce, deuil, maladie...).

Il n'y a pas de raison de vouloir enlever leurs moments de rêve à nos enfants ou de vouloir les forcer à avoir constamment « les pieds sur terre » quand ils sont petits ! Leur monde imaginaire leur permet bien souvent d'apaiser ou de maîtriser *progressivement* ce qui peut les contrarier.

« Maman, est-ce que le Père Noël existe ? »

Il faut donc laisser nos enfants croire au Père Noël, à la Fée des dents, au Lapin de Pâques, à ces personnages qui nourrissent l'imaginaire. Regardez les enfants jouer ensemble : ils s'inventent des histoires, des personnages, ils font semblant. Bref, ils s'organisent des jeux dans l'imaginaire, c'est un besoin naturel et inconscient. Laissons-les donc se promener dans ce monde où les désirs les plus fous sont encore possibles et suscitent cet émerveillement si contagieux !

Entretenir ce mythe et… jouer le jeu ?
Il est important de ne pas freiner le besoin d'imaginaire et de créativité de notre enfant. N'ayons donc pas peur de prolonger le jeu et même d'en faire partie ! Il est par exemple bénéfique que les parents entretiennent la magie de Noël chez leurs enfants et même souhaitable qu'ils « embarquent » dans le jeu devenant ainsi des « complices de l'imaginaire ». Le verre de lait et les biscuits pour Père Noël sont un classique ! Au matin, leurs réactions d'émerveillement devant le verre vide et les miettes laissées dans l'assiette sont assez révélatrices et permettent même à ceux qui ont de petits doutes de recommencer à y croire de nouveau… à leur plus grand bonheur !

Cette complicité des parents entretient l'image du merveilleux chez notre enfant et favorise le développement de leur imagination. Voilà pourquoi il est important que les parents contribuent à la préserver. Cette attitude peut parfois être difficile à appliquer et peut exiger plus d'efforts pour certains parents qui n'auront eux-mêmes pas eu la chance de vivre pleinement cette magie et à qui on aura inculqué l'idée que Noël n'est pas important. Ces personnes ont alors tendance à banaliser ou éliminer complètement la magie de Noël. « Je n'aime pas Noël, c'est juste une fête commerciale. » « Noël, c'est pas important, je n'ai jamais vraiment fêté ça. » Il faut essayer d'éviter de transmettre cette vision à nos enfants, *pour leur bien*.

Finalement, il faut prendre conscience que ce n'est pas un si grand mensonge que de permettre à notre enfant de vivre ces moments magiques un peu plus longtemps, comme ils le feront également à travers les films de Disney, les contes fantastiques, les films de super-héros… Ces moments de magie feront partie de leurs plus beaux souvenirs d'enfance qu'ils ne vous reprocheront certainement pas !

Maman, le Père Noël a une fausse barbe !?
Les enfants qui croisent autant de Père Noël qu'il y a de centres commerciaux ou qui remarquent que celui-ci ressemble à Papy Réjean éprouvent des doutes et peuvent se poser des questions. « Maman, le Père Noël a une fausse barbe ! » « Papa, est-ce que ce Père Noël est le vrai ? » En leur expliquant qu'il s'agit d'une personne déguisée en Père Noël pour l'occasion (le vrai ayant trop de travail), ils pourront rapidement faire la différence entre ces « représentants » et le « vrai personnage ». On ne devrait donc pas se culpabiliser d'entretenir cette magie, puisque c'est sain pour notre enfant.

Quand doit-on leur avouer la vérité ?
Bien qu'il faille entretenir cette magie, il viendra un jour où l'enfant commencera à douter de l'existence du Père Noël. C'est alors à nous de cerner le bon moment pour en discuter avec lui.

Certains parents vont provoquer inutilement cette étape, de peur que leur enfant fasse rire de lui (à l'école par exemple). En fait, la majorité des enfants croient à la Magie de Noël, et ce, en moyenne jusqu'à 7-8 ans.

D'autres parents, qui « estiment » que leur enfant a passé l'âge des contes de fées, décident subitement de leur dire la vérité. Un tel revirement n'est probablement pas essentiel et peut devenir une expérience désagréable pour l'enfant s'il n'est pas prêt.

Le processus s'enclenche *progressivement* entre 5 et 7 ans. L'enfant se nourrit de ce qu'il entend, voit et comprend. Il cherche, *à son rythme*, l'information qui lui permettra peu à peu de se faire *sa propre idée*. Son

« Maman, est-ce que le Père Noël existe ? »

questionnement vous donnera l'occasion de lui parler de certaines « aberrations » et de lui expliquer ce qui n'est pas vraiment réaliste. « Selon toi, est-ce que les vraies personnes peuvent voler ? » « Est-ce que tu penses que quelqu'un peut vraiment entrer par cette cheminée ? »... L'objectif est donc de susciter subtilement l'esprit critique de l'enfant. Et malgré tout ça, vous allez peut-être sentir chez lui le désir de continuer à y croire un peu... c'est tellement agréable !

Bref, dans la grande majorité des cas, le doute s'installe graduellement entre 5 et 7 ans, âge ou le raisonnement logique se met en place. Il est clair que l'enfant devra faire ce cheminement, c'est un passage obligé vers l'âge de la raison. La réalité prend alors le dessus sur l'imaginaire. Il commencera à poser des questions :

« Est-ce que le Père Noël existe vraiment ? »

C'est à ce moment qu'il faut éviter de tout lui avouer et plutôt en discuter et, surtout, tenter de cerner s'il est prêt à entendre la vérité :

« Et toi, qu'en penses-tu ? »

* Si l'enfant répond qu'il pense que le Père Noël existe, rassurez-le et dites-lui que même si certains n'y croient pas, l'important c'est que nous, nous y croyons et qu'on va l'attendre encore cette année ! Il n'en sera que plus heureux !
* Si l'enfant vous confirme que, selon lui, ce n'est pas vrai, il vous indique probablement qu'il est prêt à entendre la vérité. Vous devrez alors confirmer, *avec tact,* ce qu'il pense.

Comment leur annoncer ?

Bien que l'enfant puisse être prêt à entendre la vérité, il se peut très bien qu'il soit déçu de l'entendre de votre bouche. Il faut donc le faire avec tact puisque nous contribuons à briser son monde imaginaire et à forcer le passage difficile de notre enfant vers le monde réel.

Les psy-trucs de 3 à 6 ans

* Commencer par rassurer l'enfant en lui confirmant que le Père Noël n'existe peut-être pas, *mais que la fête de Noël et la magie qui l'entoure existent bel et bien*. Il aura alors la bonne nouvelle que rien n'est terminé : Les fêtes, les réunions familiales, le sapin... y compris les cadeaux !!!
* Lui expliquer que c'est une belle histoire qu'on conte de génération en génération, presque partout dans le monde...
* Lui expliquer que tous les enfants (même papa et maman !), ont cru au Père Noël.
* Lui annoncer qu'il pourra maintenant, lui aussi, « jouer » au Père Noël (en offrant des cadeaux...)
* Lui proposer, sur un ton secret, de ne pas le révéler aux amis plus petits que lui ! Il adorera se sentir rempli de cette mission, d'être le gardien d'un grand secret... Vous lui proposez alors une complicité qui lui permettra de réaliser qu'il grandit et d'en être bien fier !

Ce moment de vérité est une étape importante dans la vie de notre enfant et bien des parents se désolent que ce mythe soit révélé. On se remémore souvent, avec nostalgie, ces années remplies de la magie de Noël qui émerveillait tant nos tout-petits. Cette période de la vie familiale est éphémère. Faisons donc en sorte que ces moments soient magiques pour nos enfants et qu'ils fassent partie des plus beaux souvenirs de leur enfance !

« Maman, est-ce que le Père Noël existe ? »

Les psy-trucs

1. Retenir que ce monde imaginaire est bénéfique et stimulant pour nos enfants.
2. Les laisser croire au Père Noël, entretenir la magie de Noël et même jouer le jeu !
3. À l'âge du doute (5-7 ans), ne pas leur annoncer subitement la vérité. C'est un processus graduel et il faut respecter le rythme de notre enfant.
4. Si notre enfant est prêt à entendre la vérité, le rassurer que la magie de Noël va continuer malgré tout (les fêtes, les réunions et les cadeaux aussi !).
5. Lui proposer d'être le « gardien du secret » auprès des plus jeunes. Il se sentira valorisé, grandi et fier !

Une mauvaise journée à la garderie !

Les psy-trucs de 3 à 6 ans

> *Les questions que tout parent se pose :*
>
> * Est-il normal que mon enfant vive parfois de mauvaises journées à la garderie ?
> * Comment intervenir devant le comportement dérangeant de mon enfant ?
> * Quelles sont les sources de problèmes en milieu de garde ?
> * Est-ce que la garderie répond bien aux besoins de mon enfant ?

Chloé éprouve de la difficulté à s'adapter à sa nouvelle garderie et voudrait bien rester à la maison le matin. Jérémy, qui fréquente le même service de garde depuis longtemps, présente soudainement des problèmes de comportement dont se plaint la gardienne. À votre grand désarroi, les éducatrices vous font quotidiennement le bilan de la journée désastreuse de Mathieu à la garderie. Comment réagir ?

Est-il normal que mon enfant vive parfois de mauvaises journées à la garderie ?

La réponse est oui, tout comme il arrive que notre enfant soit occasionnellement plus maussade, dérangeant, fatigué, irritable ou excité à la maison.

En général, les enfants sont heureux d'aller à la garderie. Ils ont plein d'amis, ils font toutes sortes d'activités agréables, ils jouent avec beaucoup de nouveaux jouets qu'ils n'ont pas à la maison... Il arrive cependant que certains d'entre eux vivent cette intégration plus difficilement. Il y en a d'autres qui éprouvent, de façon régulière ou occasionnelle, de la difficulté à y passer la journée complète sans présenter

Une mauvaise journée à la garderie !

des écarts de conduite ou faire l'objet d'interventions de la part des éducatrices. Il ne faut pas trop s'en inquiéter pour autant.

Une garderie constitue un environnement très différent de la maison : un milieu plus dynamique, bruyant, tumultueux dans lequel notre enfant passe la majeure partie de sa journée dans un contexte de groupe dont les contraintes et les consignes sont multiples. Pas étonnant que notre enfant n'ait pas le même comportement qu'à la maison (dans son petit confort, dans ses « petites affaires » et avec ses parents). Ce n'est pas étonnant non plus qu'il puisse parfois être dérangeant ou manifester certains problèmes de comportement. Nos enfants sont des êtres en construction, en constant apprentissage des règles de conduite et des façons d'interagir avec les autres. Ils se sociabilisent peu à peu et leurs manquements constituent des occasions d'apprendre et d'assimiler ces habiletés sociales et les règles de vie. Leurs écarts de conduite sont donc normaux et deviennent des occasions, *pour nous comme pour les éducatrices*, de les guider et les remettre dans le droit chemin. Bref, *de leur enseigner*.

Puisque notre enfant passe la majorité de sa vie préscolaire en milieu de garde, il est normal que cet environnement soit la source principale d'ajustements. Les rappels à l'ordre et les interventions font partie du quotidien des éducatrices. Elles ont la formation et l'expérience afin de gérer ces situations adéquatement et elles le font normalement sans avoir à nous en informer à tous les jours. Il arrive par contre des situations où les problèmes augmentent ou se présentent à une fréquence suffisamment importante pour qu'elles ressentent le besoin d'en parler aux parents.

Ce que nous appréhendons arrive alors. Après notre journée de travail, nous allons récupérer notre enfant à la garderie et, à notre arrivée, l'éducatrice nous fait le bilan des événements ou des comportements qui lui sont reprochés. « Émilie s'est disputée avec tout le monde aujourd'hui. » « Ça ne s'est pas bien passé avec Julien aujourd'hui et il a dérangé le groupe à l'heure de la sieste. » « Édouard n'a pas respecté les consignes de toute la journée et est souvent agressif envers les autres amis. » Ces situations sont plus fréquentes que l'on croit et même nos petits anges peuvent nous faire de telles surprises à l'occasion ! Nous nous retrouvons donc, comme parents, devant une situation délicate ou déchirante : heureux de revoir notre enfant mais déçus, choqués ou mal à l'aise devant le constat peu réjouissant de sa journée à la garderie. Il est fréquent et normal de ne pas trop savoir comment réagir devant un tel discours.

Comment intervenir devant le comportement dérangeant de mon enfant ?

Il n'est guère réjouissant de se faire dire que notre enfant constitue un problème pour ses amis ou pour les éducatrices de la garderie. Il faut cependant percevoir cela comme une occasion de cerner les petites difficultés de notre enfant et l'aider à s'améliorer. Voici quelques éléments à considérer devant de telles situations.

Un bilan constructif

Dans le cas d'un enfant présentant certains problèmes de comportement à la garderie, le bilan de fin de journée (verbal ou sous forme de carnet de bord) ne devrait pas être fait dans le simple but de rapporter les gestes reprochés (sous forme de critiques ou jugements qui nous donnent parfois l'impression que c'est de notre faute ou qui renvoient le problème entre les mains des parents seulement). Ce bilan ne devrait pas se centrer continuellement sur les aspects négatifs de la journée et plutôt être présenté de façon constructive dans le but de collaborer avec les parents et de trouver les causes et solutions qui aideront l'enfant à grandir.

Les difficultés de notre enfant ne devraient donc pas être présentées sous forme de critiques gratuites, mais devraient plutôt constituer (pour les parents, les éducatrices et bien sûr l'enfant) un comportement à améliorer, un objectif à atteindre, un petit défi à relever... c'est beaucoup plus positif et stimulant ainsi, non ?

Une mauvaise journée à la garderie !

Éviter d'en parler devant l'enfant
Lors des bilans de fin de journée avec l'éducatrice, évitez de discuter des problèmes ou des difficultés de votre enfant en sa présence. Ce n'est guère bon pour son estime de soi. De plus, ces phrases risquent de lui donner le sentiment de ne pas être apprécié et d'être moins bon que les autres. Devant les critiques répétées, notre enfant peut s'approprier les comportements reprochés et se percevoir vraiment de cette façon, une image qu'il aura par la suite de la difficulté à effacer ou à se débarrasser.

Il faut également s'abstenir de renchérir ou de réprimander notre enfant devant l'éducatrice (une réaction que nous avons parfois afin de démontrer à l'éducatrice que nous sommes d'accord avec elle et que nous la soutenons). Nous pouvons très certainement le faire sans la présence de notre enfant.

Éviter de le réprimander ou le punir
Mathieu a donné des coups de pied à plusieurs amis aujourd'hui. Éléna a refusé de ramasser les jouets avec les amis. Laurent a dit des gros mots à son éducatrice. Doit-on les sermonner au retour de la garderie ? Doit-on les punir ou leur donner une conséquence, une fois rendus à la maison ?

Il est normal comme parent de vouloir revenir sur ce qui s'est passé à la garderie afin de montrer à notre enfant que nous n'endossons pas ces comportements. Par contre, il ne sert à rien de le réprimander à nouveau avec insistance ou de le punir. Notre enfant vit dans le moment présent et aura de la difficulté à comprendre votre réaction (alors que vous ne l'avez pas vu de la journée et que vous devriez plutôt être content de le revoir). La situation reprochée est loin derrière lui et l'éducatrice sera probablement intervenue, alors pourquoi le punir une deuxième fois ? Revenez calmement sur le ou les comportements reprochés et discutez de ce qu'il faudrait faire pour éviter que cela ne se reproduise.

Les psy-trucs de 3 à 6 ans

Parents, éducatrices, intervenantes en milieu de garde, nous avons tous un rôle important à jouer dans l'apprentissage et le développement de l'enfant. Nous devons l'aider à grandir et à façonner son identité. Il faut éviter le dénigrement et cesser de mettre l'accent sur les aspects négatifs (surtout devant l'enfant). Voyons ces difficultés comme des messages nous indiquant que nous devons travailler conjointement (parents et éducatrices) afin d'aider l'enfant à s'améliorer, et ce, tout en préservant son estime de soi.

Quelles sont les sources de problèmes en milieu de garde ?

Voici quelques éléments qui peuvent expliquer certains problèmes de comportement en garderie.

Difficulté face à la séparation ?

Votre enfant ne réussit pas à s'intégrer ou à s'adapter et ne veut pas vous quitter le matin ? La garderie constitue une *séparation* que certains enfants ont plus de difficulté à assumer que d'autres et qui peut expliquer certains problèmes de comportement à la garderie : pleurs fréquents, agressivité ou irritabilité, refus de participer, confrontation fréquente devant les consignes…

Dans de tels cas, notre rôle consiste à sécuriser notre enfant le plus possible afin de faciliter cette transition avec douceur.

* Lui dire concrètement ce qu'il va faire dans sa journée (jeu – collation – jeu – dîner – petite sieste – jeu – retour de maman ou papa).
* Le prévenir que papa ou maman va venir le chercher pour le retour à la maison.
* Lui donner un élément rassurant qu'il traînera (doudou, photo de maman ou papa, une pierre de courage…).
* À la maison, lui parler souvent de la garderie et afficher ses dessins et bricolages avec fierté.

Une mauvaise journée à la garderie!

Difficulté à s'intégrer au groupe?
Votre enfant n'interagit pas avec les autres, il ne veut pas leur parler, il joue seul et reste même à l'écart du groupe d'amis? Ce comportement (souvent passager) constitue un problème d'intégration qui est étroitement relié au niveau de socialisation que notre enfant a atteint. Il est possible que son tempérament, sa maturité ou son mode de vie ne lui permettent pas d'établir des relations sociales adéquates ou de s'ouvrir aux autres. Des enfants n'ayant pas eu de nombreux contacts avec des amis, des enfants surprotégés, timides ou insécures peuvent éprouver des problèmes à entrer en relation avec les autres ce qui peut occasionner certaines difficultés ou troubles de comportement en milieu de garde.

Difficulté à partager?
Dans une garderie, notre enfant doit tout partager, une notion qui demeure difficile à appliquer et qui va à l'encontre de leur «instinct» de possession encore fortement présent dans ce groupe d'âge. Bien que les enfants puissent aimer être en compagnie des autres amis, ils se montrent généralement indifférents à leurs besoins ou désirs et ont tendance à protéger constamment leur espace personnel et leurs jouets. Cette attitude est normale, elle fait partie du développement de l'identité de l'enfant qui, en grandissant, fera graduellement preuve d'ouverture envers les autres. En attendant, une telle attitude égocentrique peut devenir une source de conflits importante en milieu de garde (où la plupart des objets sont communs ou «appartiennent» à tout le monde).

Les parents et les éducatrices ont alors un rôle important à jouer afin de sensibiliser l'enfant au partage, ils doivent être tolérants devant leurs réactions parfois égocentriques et essayer, le plus sereinement possible, de l'aider à évoluer sans faire appel aux réprimandes. Éviter de punir, gronder ou même dénigrer l'enfant (le traiter d'égoïste). Il faut l'encourager à partager tout en demeurant tolérant devant son «besoin» de s'approprier certaines choses, un besoin qui s'estompera graduellement avec le temps.

Difficulté à suivre les règles ?
À la maison, avez-vous tendance à tolérer, négocier, expliquer ? Avez-vous l'habitude de raisonner désespérément votre enfant (et même céder) sur certains interdits qui devraient pourtant être clairs et non négociables ? Avez-vous tendance à le laisser faire ce qui lui plaît (afin de ne pas le brimer, le contrarier ou lui faire de la peine), sans jamais donner de conséquences aux comportements pourtant fautifs ?

Si c'est le cas, alors il est fort possible que votre enfant éprouve certaines difficultés à la garderie. Cet environnement est rempli d'interdictions, de limites et de consignes qui font partie intégrante du programme. Un enfant qui n'est pas du tout habitué à cette forme d'encadrement et de fermeté risque d'avoir de la difficulté à s'adapter, à respecter les consignes et aura probablement tendance à réagir de manière excessive aux interdictions. Bref, il risque de devenir un cas problème dans la garderie. (Voir « La discipline : tout un défi ! », page 69.)

Votre enfant manque-t-il de sommeil ?
Malheureusement, bon nombre d'enfants manquent de sommeil. Certains enfants se lèvent tôt pour aller à la garderie, passent leur journée dans un milieu très dynamique, sans parler du retour à la maison qui est parfois tout aussi agité. Les parents sont alors contraints de coucher leur enfant un peu plus tard qu'à la normale. Résultat : des heures de sommeil manquantes qui s'accumulent et un enfant qui est plus irritable le lendemain !

Votre enfant refuse de faire la sieste ?
Bien que ces périodes soient généralement imposées en milieu de garde, certains enfants vont résister et rendre la vie difficile aux intervenantes qui veulent l'imposer à toux prix. Il faudrait discuter de ce besoin avec l'éducatrice afin de trouver le compromis acceptable. (Voir « C'est l'heure de la sieste !, page 197.)

Une mauvaise journée à la garderie!

Votre enfant vit momentanément une source de stress à la maison?
Une source de stress ou un changement important dans la vie de notre enfant peut expliquer certains problèmes de comportement à la garderie (déménagement, arrivée d'un nouveau bébé, séparation des parents, nouveau conjoint...). Il faut alors être à l'écoute de notre enfant et informer l'éducatrice de cette situation afin que les interventions soient ajustées et plus appropriées.

Est-ce que la garderie répond bien aux besoins de mon enfant?
Les garderies constituent un environnement qui répond généralement à l'ensemble des besoins d'un enfant. Puisque notre enfant passera la majeure partie de sa journée, voire de sa vie préscolaire dans ce milieu, il est important de bien connaître l'environnement et les personnes que notre enfant côtoie au quotidien. Est-ce que le milieu de garde répond bien à nos attentes et aux besoins de notre enfant? Y a-t-il eu du changement de personnel? Est-ce que la philosophie d'éducation est conforme à nos valeurs et, par le fait même, à celles de notre enfant? Si ce n'est pas le cas, il peut être normal que notre enfant présente des problèmes de comportement.

Voici quelques éléments à considérer dans le milieu de garde de votre enfant.

Qualité des éducatrices
* Mettent en place un environnement chaleureux et ouvert et non pas rigide et contraignant (rôle d'éducatrice et non de gardienne ou de policière).
* Inspirent confiance aux enfants et savent établir un bon lien d'attachement.
* Savent réconforter devant les pleurs et les malaises.

Les psy-trucs de 3 à 6 ans

* Savent intervenir selon nos valeurs dans le cas de problèmes de comportement et appliquent des punitions adéquates lorsque requis.
* Prennent le temps de sourire, de toucher, de parler, d'encourager, de valoriser et de prendre les enfants dans leurs bras.

Diversité des activités
Est-ce que le choix des activités de la garderie est suffisamment diversifié ?

* Activités de groupe (socialisation de l'enfant)
* Activités physiques (jeux extérieurs...)
* Activités de motricité fine et artistiques (peinture, dessin, pâte à modeler, musique, chanson, déguisements...)
* Activités éducatives (coloriage, lecture, jeux de société...)

Sébastien qui est très actif aura évidemment de la difficulté à se contenir dans un environnement où les activités physiques ne font pas partie du quotidien !

Bref, il faut choisir un milieu de garde dont le personnel répond aux différents besoins de notre enfant, inspire confiance et avec qui nous pouvons facilement discuter de notre enfant, autant de ses progrès que de ses difficultés.

Une mauvaise journée à la garderie!

Les psy-trucs

1. Prendre conscience qu'il est normal que nos enfants aient des écarts de conduite à la garderie, tout comme ils en ont à la maison : ils sont en apprentissage.
2. Avec l'éducatrice, ne pas discuter des problèmes de la journée *devant notre enfant* (il faut préserver son estime de soi).
3. De retour à la maison, éviter de punir ou sermonner notre enfant avec insistance. Cela est inutile et il aura certainement déjà été puni à la garderie pour ce qu'il a fait.
4. Revenir brièvement sur une situation afin de simplement démontrer à l'enfant que vous n'endossez pas le comportement reproché.
5. Essayer de comprendre les raisons qui poussent notre enfant à se comporter inadéquatement à la garderie (difficulté d'intégration, de suivre les règles, source soudaine de stress à la maison...).
6. Discuter avec l'éducatrice de la façon dont nous allons travailler sur le comportement à améliorer (à présenter positivement sous forme de défi, objectif...).
7. S'assurer que le milieu de garde répond bien aux différents besoins de notre enfant et soit conforme à nos valeurs.

« Je suis pas bon, moi ! »

L'estime de soi

Les psy-trucs de 3 à 6 ans

> *Les questions que tout parent se pose :*
>
> * Qu'est-ce que l'estime de soi ?
> * Comment se développe cette confiance ?
> * Est-ce que mon enfant a une bonne estime de soi ?
> * Qu'est-ce qui peut nuire à l'estime de soi de nos enfants ?
> * Comment favoriser la confiance et l'estime de soi de mon enfant ?

Qu'est-ce que l'estime de soi ?

On dit souvent que l'estime de soi est le plus beau cadeau qu'on puisse offrir à notre enfant, le plus bel héritage qu'on puisse leur laisser et que c'est une excellente base pour la vie. Mais qu'est-ce que l'estime de soi ?

> **Estime de soi :** C'est le sentiment d'avoir de la valeur comme personne et d'être capable d'avoir une image positive de soi, d'avoir une bonne opinion de soi. Cela se traduit également par une *confiance* en soi et une attitude positive (sans tomber dans l'égocentrisme, la vantardise ou sans se prendre pour un autre).

Développer l'estime de soi chez notre enfant ne veut pas dire vouloir le rendre performant en tout. Au contraire, vouloir le pousser excessivement dans la performance crée des attentes que l'enfant ne sera peut-être pas en mesure de rencontrer, ce qui a parfois des conséquences sur le plan de l'estime de soi.

Exemple : Bien qu'il réussisse relativement bien dans la plupart des activités qu'il entreprend et dont il pourrait être fier, Mathieu est très tendu et ne sent pas à la hauteur des exigences de ses parents. («Il est capable de faire mieux que ça.»)

Avoir une bonne estime de soi ne signifie pas exceller ou se trouver bon dans plusieurs domaines, mais plutôt savoir reconnaître nos limites, nos difficultés et nos faiblesses *et avoir la volonté ainsi que la confiance* de les affronter et de les surmonter.

L'important est surtout de faire en sorte que l'enfant connaisse bien ses forces, sa VALEUR PERSONNELLE et qu'il se sente appuyé ou encouragé par ses parents à persévérer et à améliorer ses faiblesses (surtout ne pas le dénigrer). Bref, notre défi comme parents est de l'amener à être bien dans sa peau *pour ce qu'il est.*

Comment se développe cette confiance ?

L'estime de soi de nos enfants se bâtit au fil des ans, et ce, dès les premières années de leur vie. C'est un cheminement dans lequel les parents jouent un rôle particulièrement important.

À partir de la naissance : En répondant aux besoins de base de nos enfants, à leurs pleurs et en les réconfortant. On crée alors le lien d'attachement et la sécurité qui constituent la base d'une bonne estime de soi.

Vers 2-3 ans : Lorsque notre enfant s'affirme et s'oppose, nous contribuons à son estime de soi en le respectant *tout en fixant les limites* qui le sécurisent tant.

Entre 4 et 6 ans : Lorsque nous soulignons les qualités, les talents de notre enfant et que nous l'aidons ou l'encourageons à surmonter ces petites difficultés de façon positive. Nous l'aidons ainsi à prendre conscience de son potentiel et de sa valeur. Nous contribuons également à construire le sentiment d'être important et l'aidons à prendre sa place.

L'image que nos enfants ont d'eux-mêmes se développe à partir de la perception qu'ont les gens les plus importants à leurs yeux : parents, frères et sœurs, parenté, professeurs et amis. Le type de relation que l'enfant tisse avec ces personnes significatives lui permet de se développer comme personne et de construire peu à peu l'image qu'il a de lui.

Il est donc important que les gens de son entourage immédiat évitent de lui renvoyer une image ou des commentaires négatifs et dégradants qui ne peuvent que nuire à son estime de soi.

L'estime de soi : les quatre bases fondamentales (un peu de théorie !)

1. *La connaissance de soi*
Apprendre à un enfant à se connaître est une étape importante dans le développement de l'estime de soi. Un enfant apprend à se connaître, au fil des ans, grâce aux expériences vécues et à ses relations avec les autres. Il découvre ou prend conscience peu à peu de ses habiletés, forces, limites, intérêts. « Je suis bon en dessins. » « J'aime pas les poupées. » « Ce que j'aime le plus, c'est jouer à l'ordi. » « Plus tard, je veux être un pompier. »

Les parents jouent un rôle important dans cette découverte de soi. En le valorisant, le complimentant, le respectant pour ce qu'il est et en l'encourageant à faire face à ses petites difficultés qu'il pourra surmonter de façon positive en persévérant (confiance en lui).

Prenez le temps de demander occasionnellement à votre enfant ce qu'il aime à la garderie ou à l'école, ce qu'il n'aime pas, quel est son animal préféré, etc. Demandez-lui de se dessiner, de dessiner sa famille, ce qu'il aimerait être, ce qu'il n'aime pas. Ce sont là des moyens efficaces de l'amener à verbaliser ce qu'il perçoit de lui et l'aider à mieux se connaître.

« Je suis pas bon, moi ! »

2. Le sentiment de confiance et de sécurité
Un environnement stable, un bon encadrement ainsi que des règles et des limites claires et respectées avec constance procurent à notre enfant un *sentiment de sécurité*. Il sait qu'il peut compter sur vous, se sent protégé et se sent en confiance.

Quand vous prenez le temps d'expliquer certaines choses à votre enfant, quand vous l'encouragez dans ses moments difficiles, quand vous l'aidez et quand vous le valorisez, vous lui permettez de se sentir aimé et important *à vos yeux*. Quoi de mieux pour avoir confiance en soi !

3. Le sentiment d'appartenance (à un groupe)
Il s'agit ici de la relation que notre enfant établit avec les autres, avec ses amis. C'est un des éléments les plus importants dans l'estime de soi. Un enfant rejeté aura beaucoup de difficulté à surmonter l'épreuve et à préserver son estime de soi. Avoir des amis, prendre sa place parmi eux et se savoir apprécié dans le groupe nourrit fortement l'estime de soi. Les enfants (tout comme les adultes) qui sont « populaires », qui ont du succès socialement, ont généralement une bonne base d'estime.

Le rôle du parent se situe donc sur le plan de la *socialisation* de l'enfant. Lui apprendre à être poli, respectueux, généreux ; lui apprendre le partage, l'entraide et le respect des autres et finalement lui permettre de régler lui-même des conflits de groupe contribuent à développer des habiletés sociales fort utiles.

Évidemment, plus un enfant se sentira aimé, valorisé et respecté dans la famille, plus il aura de la facilité à se faire des amis. Le sentiment d'appartenance se développe d'abord et avant tout au sein de la famille !

4. Le sentiment de compétence (« Je suis capable ! »)
Il est bien entendu beaucoup plus facile pour un enfant d'avoir une bonne opinion de lui s'il réussit dans plusieurs domaines (les apprentissages,

les sports, les arts…). Cela lui permet d'acquérir un sentiment de compétence qui lui donnera la confiance nécessaire à une bonne estime de soi.

Il est donc important d'aider et de guider notre enfant dans cette réussite. Il faut le motiver, l'encourager, l'aider à faire preuve de persévérance et féliciter ses améliorations ou ses réussites (si petites soient-elles). Lui donner l'occasion de faire certaines tâches (sous notre supervision, afin de le guider ou l'aider si nécessaire) lui permettra de prendre confiance en lui.

Il est bien évident que les parents constituent la plus importante influence sur l'enfant. En manifestant à notre enfant qu'il est apprécié, aimé et accepté tel qu'il est, nous lui donnons le sentiment de confiance dont il a besoin pour s'améliorer et construire son estime de soi.

Plus l'enfant reçoit des propos positifs et constructifs à son égard, meilleure sera son estime de soi. À l'inverse, plus il reçoit des commentaires ou des jugements négatifs, plus nous risquons d'assombrir l'image que l'enfant a de lui-même.

Finalement, l'estime de soi est une perception qui varie tout au long de la vie, avec ses hauts et ses bas, et qui évolue… même rendu à l'âge de la retraite !

Est-ce que mon enfant a une bonne estime de soi ?

L'estime de soi d'un enfant s'acquiert d'abord dans le regard ou le jugement que les parents lui portent et se développe lorsqu'il commence à interagir avec les autres.

Puisqu'on ne peut pas « mesurer » le niveau d'estime de soi d'un enfant, les parents doivent être à l'écoute et faire preuve d'observation. Les comportements de notre enfant envers les autres peuvent nous aider à déterminer s'il se sent bien dans sa peau, s'il est en confiance.

« Je suis pas bon, moi ! »

Voici quelques pistes ou exemples :

* Mélanie est très timide et a tendance à se replier sur elle-même. Elle a peur de s'intégrer dans le groupe, parle très peu (préfère se faire discrète).
* Antoine ne se sent pas très bon, certainement pas aussi bon que ses amis (il se sent inférieur). Il ressent beaucoup de pression lorsque mis à l'épreuve (n'aime pas la compétition) et préfère les éviter ou se retirer par crainte d'un échec ou de se faire critiquer.
* Jonathan a de la difficulté à se séparer de ses parents ou s'en éloigner. Il a l'impression de perdre ses moyens sans eux (manque de confiance).
* Maxime a de la difficulté à affronter le changement ou les nouveautés qui l'insécurisent (entrée à l'école, nouvelle éducatrice à la garderie, changer de chambre...). Il n'ose pas faire des choses seul ou prendre des initiatives (s'habiller, se verser un verre de lait...) de peur de ne pas être à la hauteur.
* Méliane a de la difficulté à faire des choix. Elle va plutôt attendre que les autres choisissent d'abord et les suivre par la suite, par manque de confiance ou par peur de se tromper. Méliane a aussi tendance à imiter/copier les autres (faire la même activité, le même dessin, vouloir faire les mêmes jeux, avoir la même coiffure...).
* Chloé qui abandonne ce qu'elle entreprend devant le moindre obstacle ou problème (« Je ne suis pas capable ! Papa ! Viens le faire ! »). Elle n'a pas confiance en ses propres capacités.
* Alexandre éprouve de la difficulté à se concentrer dans les exercices d'apprentissage ; il sait que ses parents en sont conscients (« Alex, ce n'est pas notre intellectuel de la famille, il n'aime pas les jeux éducatifs »). Il a donc une image négative de lui dans ce domaine (et ne sera sûrement pas motivé à persévérer).

Les psy-trucs de 3 à 6 ans

* Jérémy est rejeté, il est souvent seul et « se colle » au premier ami qui manifeste un peu d'intérêt pour lui.

Le rejet est un signe très révélateur et qui malheureusement a un impact fortement négatif sur l'estime de soi de l'enfant (et même sur nous en tant que parents).
Voici quelques comportements ou quelques caractéristiques qui peuvent nous indiquer que notre enfant a un problème d'estime de soi.

* A du mal à interagir avec ses amis.
* Difficulté à se faire respecter.
* Difficulté à s'éloigner ou se séparer de ses parents.
* Difficulté à faire des choix et tendance à suivre les autres.
* Hésite à prendre la parole devant les autres.
* Se replie sur lui-même et veut se faire oublier, se faire discret.
* Difficulté à s'adapter aux changements, aux nouveautés (ne se sentant pas en confiance).
* Difficulté à reconnaître ses qualités, ses forces (se déprécie souvent).
* Difficulté à s'affirmer.
* Difficulté à faire preuve d'autonomie.
* Tendance à se mettre à l'écart.
* Peu motivé à apprendre et plus à risque de présenter des problèmes d'apprentissage.
* Tendance à abandonner devant le moindre obstacle (n'ayant pas confiance en ses propres capacités de surmonter l'épreuve).
* Peu motivé devant les défis et ne prend pas d'initiative (ayant peur d'échouer).
* Préoccupé par le regard des autres, par ce qu'ils pensent.
* Peut être frustré et faire des crises pour attirer l'attention.
* Peut parfois devenir agressif (pour exprimer sa détresse).

« Je suis pas bon, moi ! »

Ces comportements peuvent donc être des signes nous indiquant que l'estime de soi de notre enfant doit être renforcée. Ils sont le résultat des expériences de vie que notre enfant aura vécues avec ses amis mais aussi, et tout d'abord, avec ses proches… dont nous, les parents !

Qu'est-ce qui peut nuire à l'estime de soi de nos enfants ?
Les parents ont un rôle primordial dans la construction de l'estime de soi de leur enfant, plus particulièrement lors des premières années de leur vie. Notre attitude, nos regards, nos paroles et nos comportements influencent grandement notre enfant et ont le pouvoir de développer cette bonne ou mauvaise estime de soi.

Le sentiment d'être inintéressant, d'être laid, de ne pas être aimé, d'être incapable de faire quoi que ce soit correctement (à la hauteur des attentes), de ne pas valoir grand-chose est souvent le résultat d'attitudes parentales qui mettent l'emphase sur le dénigrement, les critiques répétées, l'exigence de la perfection ou de la réussite constante, les moqueries, l'humiliation, les punitions ou même l'indifférence. Ce sont ce qu'on appelle des comportements autodestructeurs.

Les mots qui blessent
Les enfants sont très sensibles à ce qu'on leur dit et c'est pourquoi nous nous devons de leur parler le plus respectueusement possible. Les petits commentaires négatifs ou les critiques envoyés à répétition à notre enfant finissent par être perçus comme des vérités incontournables qui risquent d'affecter leur estime ou même les marquer pour la vie.

« Tu manges mal, tu manges comme un cochon… »
« Eh que t'es lent… »
« Mon Dieu que tu n'es pas une lumière. »
« Ce que tu peux être gaffeux ! »

Les psy-trucs de 3 à 6 ans

« T'es toujours méchant avec ta sœur. »
« T'as pas encore compris... Laisse faire, je vais encore le faire moi-même. »
« Viens ici mon « P'tit Monstre »/mon lunatique. »
« Pourquoi es-tu toujours désagréable ? »
« Qu'est-ce que je vais faire avec toi... t'es décourageant. »
« Lui, il n'est pas bon dans les sports. »
« T'es pas capable d'être tranquille comme ta sœur ? »

Ces phrases, même dites sans agressivité ou méchanceté volontaire, finissent par donner à l'enfant le sentiment de ne pas être apprécié et d'être moins bon que les autres. Il finit par y croire et se percevoir vraiment de cette façon, une image qu'il aura par la suite de la difficulté à effacer ou se débarrasser. Comme je le dis souvent :

« Les enfants sont des êtres en construction... Ils deviennent à l'image de ce qu'on leur dit qu'ils sont. »

On a parfois l'impression, en tant que parent, que cela peut être une façon de conscientiser l'enfant ou de le faire réagir (le mettre au défi) *en espérant qu'il soit tenté ou motivé à changer.* IL N'EN EST RIEN ! Au contraire, en plus d'affecter son estime de soi, cela peut parfois accentuer le comportement indésiré.

L'important est donc d'être conscient de l'impact de tels comportements ou commentaires soutenus et, lorsqu'on s'échappe (parce que nul ne peut prétendre être parfait !), d'essayer de récupérer la situation. « Je m'excuse, ce n'est pas ce que Maman voulait dire. Il faut juste que tu comprennes que... »

« Je suis pas bon, moi ! »

Des exigences (attentes) démesurées

Les enfants recherchent notre attention et désirent à tout prix qu'on soit fier d'eux. Sur ce point, les parents doivent éviter de fixer la barre trop haute. Soyez conscient que si vous attendez trop d'eux, cela peut créer des attentes que l'enfant ne sera peut-être pas en mesure de rencontrer, ce qui a parfois des répercussions sur son estime de soi.

« Tu as bien fait mais Jonathan est arrivé le premier. »
« C'est bien, mais t'es capable de faire mieux. »
« T'aurais pu te forcer un peu plus. »
« Ta sœur avait des A à l'école. »
« Ton p'tit frère va être meilleur que toi si tu ne t'améliores pas. »

Cela envoie à votre enfant le message qu'il n'est pas assez bien à votre goût, qu'il pourrait être mieux. Il se sent dénigré.

Certains parents ont également des réactions négatives (et encore pire, une tendance à punir) devant les échecs, les erreurs ou les insuccès de leur tout-petit : l'enfant qui a renversé du lait en essayant de se servir lui-même, qui a de la difficulté à attacher ses lacets, qui est privé de regarder la télé parce qu'il n'a pas eu un bon résultat à sa dictée...

Les enfants sont des êtres en construction... et les erreurs font partie de leur apprentissage.

Il faut donc encourager les enfants dans leurs efforts (même infructueux) et les féliciter de leurs améliorations ou leurs réussites (si petites soient-elles).

L'indifférence

Prendre sa place dans la famille et se savoir apprécié par celle-ci nourrit fortement l'estime de soi. Les enfants recherchent notre attention et toute manifestation d'indifférence est néfaste.

Les parents qui ont très peu d'attentes et qui éprouvent peu d'intérêt devant les réussites, les efforts, les activités ou les paroles de l'enfant envoient le message qu'il est de trop, qu'il ne vaut pas la peine qu'on s'occupe de lui.

« Je n'ai pas le temps de regarder tes dessins. »
« Dépose ton bulletin sur la table,
je le regarderai une autre fois. »
« Arrête de me conter tes histoires, tu le sais bien
que ça ne m'intéresse pas le sport. »
« Parle-moi pas encore de l'école. »
« Arrange-toi tout seul avec tes histoires d'amis. »

Cet enfant aura l'impression qu'il est inutile de faire des efforts, d'être meilleur, d'avoir de bons comportements, puisque de toute façon, les parents ne s'en préoccuperont pas.

Nos paroles, nos gestes, nos attentes trop élevés ou notre absence d'intérêt envers nos tout-petits ont un impact sur le développement de leur image et de leur confiance. Il s'agit d'en prendre conscience et d'y porter une attention particulière.

Comment favoriser la confiance et l'estime de soi de mon enfant ?

Il est tout à fait possible de changer ou améliorer l'estime de soi ou la confiance de notre enfant, surtout à cet âge.

« Je suis pas bon, moi ! »

* Faire preuve de respect. Les enfants ont besoin de se sentir importants à nos yeux et savoir que ce qu'ils pensent, ce qu'ils disent et ce qu'ils font est important pour nous. Si vous découragez votre enfant, si vous le dénigrez, si vous vous moquez de lui, si vous ne lui donnez aucune attention (indifférence), il se sentira diminué. Il faut lui laisser l'occasion de s'exprimer et être à son écoute, avec respect.
* Faire attention aux paroles utilisées. Lorsqu'on doit expliquer à notre enfant que ce qu'il fait est mal, mettre l'accent sur le comportement et non l'enfant. Au lieu de dire « Tu es méchant avec ta sœur », « T'es pas gentil », utiliser plutôt « Ce n'est pas une bonne idée… », « Je ne veux pas que tu fasses cela », « Ce comportement est inacceptable… ». On évite ainsi le jugement négatif.
* Au lieu de mettre l'emphase sur les comportements indésirés ou les défauts, il faut souligner les bons comportements (renforcement positif). Mettre l'accent sur ses forces, ses qualités et l'aider à surmonter ses petites faiblesses. Valoriser ce qu'il est et ce qu'il fait, lui dire que vous l'aimez et l'appréciez.
* Permettre à notre enfant d'essayer de nouvelles choses, faire de petites tâches (sans s'attendre à ce que ce soit parfait). Souligner ses efforts, peu importe le résultat. Il sera plus sûr de lui et sera plus motivé à s'appliquer et à faire des efforts la prochaine fois. « Wow, tu as travaillé fort, c'est très bien. » « Bravo, tu as presque réussi tout seul, je vais t'aider à terminer si tu veux. »
* Favoriser les situations ou les tâches qui permettront à notre enfant de réussir. Lui faire réaliser des activités dans le quotidien qui le mèneront au succès (pour bâtir sa confiance). En vivant plusieurs expériences de succès, notre enfant développera un sentiment de compétence, de confiance.
* Laisser notre enfant entreprendre des choses seul. Souligner ses réussites (si petites soient-elles). « Tu vois, tu es capable, tu es grand maintenant ! »

Les psy-trucs de 3 à 6 ans

* En cas d'erreurs ou de difficultés à accomplir une tâche, aider l'enfant, l'accompagner afin de tourner la situation positivement (sans le faire à sa place). « Viens, je vais t'aider un peu, on va y arriver. » « C'est pas grave, au moins tu as essayé. » Notre réaction devant ses erreurs ou ses échecs aura un impact sur la façon de voir les obstacles, les apprentissages ou les défis.
* Enseigner la persévérance. « Lâche pas mon grand, tu vas y arriver, tu es capable. » Le guider dans sa démarche. « Tu peux peut-être essayer de cette manière… »
* Avoir des attentes raisonnables et souligner les efforts, pas seulement les résultats.
* Savoir reconnaître chez notre enfant ses difficultés en ménageant son estime de soi, sa fierté (sans dénigrement). Lui montrer des façons de s'améliorer, lui donner des exemples de comportement à suivre…
* Être présent pour notre enfant et de façon chaleureuse (lui montrer qu'il est important). Lui donner régulièrement des marques d'affection. Lui montrer qu'il est aimé et accepté tel qu'il est (même s'il se conduit mal par moments !). Lui dire qu'on est fier de lui.

Voilà donc des comportements qui aideront notre enfant à bâtir sa confiance et son estime de soi et qui l'amèneront à se dire :

*« Je sais qui je suis, je me sens apprécié, je me sens aimé,
je suis fier de moi et je sais que mes parents le sont aussi ! »*

« Je suis pas bon, moi ! »

À ÉVITER	À FAIRE
Punir ou chicaner en cas d'erreur ou d'insuccès.	Encourager ses efforts, même infructueux. Accompagner/aider l'enfant qui a de la difficulté. Lui permettre de faire des erreurs, des gaffes.
Faire preuve d'indifférence devant ses activités, ses intérêts.	Être à son écoute (poser des questions, s'informer de lui). Il se sentira important.
Le critiquer ou mettre l'accent sur ses défauts ou faiblesses.	Souligner ses qualités, ses forces, ses talents et l'aider à améliorer ses faiblesses (positivement).
Le surveiller constamment.	Lui faire confiance.
Ne pas lui laisser faire certaines tâches lui-même (le sous-estimer, lui faire sentir qu'il n'est pas capable ou pas à la hauteur).	Lui laisser l'occasion d'essayer par lui-même et, si requis, l'accompagner.
Faire les choix à sa place.	L'encourager à faire ses propres choix.
Le comparer aux autres.	Souligner ses propres talents et qualités. Le respecter pour ce qu'il est.
Sarcasmes/taquineries à répétition (dénigrement).	Être respectueux dans nos propos envers lui. Lui dire qu'on l'aime comme il est, faire preuve d'affection et de respect.
Le surprotéger.	L'encourager à faire de nouvelles activités, à prendre des initiatives, d'essayer tout seul d'abord.
Tout faire pour lui (travaux, tâches) ou reprendre ce qu'il a fait.	Lui permettre de faire lui-même des choses, donner de petites responsabilités et le féliciter pour ses efforts.
Punir ou critiquer constamment (mettre l'accent sur le négatif).	Mettre l'accent sur ses bons comportements (renforcement positif) et expliquer les comportements indésirés avec respect.
Avoir des attentes trop grandes (ne pas se montrer satisfait des résultats).	Féliciter les améliorations, efforts et succès, (si petits soient-ils).
Être impatient devant ses difficultés.	Enseigner la persévérance (tu vas y arriver, lâche pas).
Ne jamais jouer avec notre enfant, (ne pas développer une complicité avec lui).	Favoriser les occasions de jouer, de discuter, de poser des questions. Donner de l'attention.
Croire que la critique va le stimuler à changer son comportement indésiré.	Expliquer le comportement souhaité de façon positive.
Avoir un langage dévalorisant, blessant, humiliant (surtout devant les autres).	Intervenir respectueusement, calmement et seul à seul avec notre enfant.

Les psy-trucs de 3 à 6 ans

En résumé
Parents, éducatrices, intervenantes en milieu de garde... Nous avons tous parfois tendance à accorder plus d'attention et d'efforts à ce qui ne va pas qu'à ce qui va bien. Les comportements qui dérangent retiennent naturellement plus notre attention. Devant notre volonté de vouloir bien faire, de vouloir bien éduquer, nous mettons trop souvent l'accent sur les aspects négatifs que nous voudrions voir corrigés.

Il est toutefois tout aussi important de reconnaître les comportements positifs de nos enfants. Le RENFORCEMENT POSITIF prend toute son importance dans cette quête de l'estime de soi. Rappelons-nous qu'un enfant fait plus de bien que de mal, fait plus de bons coups que de mauvais dans une journée et il faut savoir les reconnaître tout autant.

Une petite suggestion ? Se donner comme défi de dire au moins trois choses positives par jour à notre enfant !

Malgré tout ce qu'on peut dire ou écrire sur le sujet, l'éducation de notre enfant et le développement de son estime de soi demeurent un rôle qu'il est parfois difficile et exigeant de mettre en pratique sans failles ou sans écarts de conduite. Il ne faut tout de même pas tomber dans le piège du « parent parfait ». Ces attentes trop élevées peuvent avoir un impact sur notre propre estime de soi, en tant que parents !

Il s'agit dans ces cas-là de récupérer la situation et de toujours garder en tête l'importance de développer ou préserver l'estime de soi et la confiance de notre enfant. Cela en vaut la peine ! Nous avons tous à cœur sa réussite, présente et future. Il est donc très important de réaliser qu'un des principaux facteurs de cette réussite est l'estime de soi.

L'enfant qui est sécurisé physiquement et psychologiquement, qui ressent un sentiment de confiance, qui ressent que l'on croit en lui, qu'on s'intéresse à lui et qui se sent apprécié *pour ce qu'il est* dans sa famille et avec ses amis est un enfant qui fait certainement preuve d'une bonne estime de soi. Il aura la confiance nécessaire pour affronter les obstacles qu'il rencontrera tout au long de sa vie.

« Je suis pas bon, moi ! »

Les psy-trucs

1. Prendre conscience que l'estime de soi, c'est de faire en sorte que notre enfant reconnaisse sa valeur personnelle, ait confiance en lui et qu'il soit bien dans sa peau pour ce qu'il est.
2. Éviter les phrases dénigrantes ou blessantes, les commentaires négatifs ou les critiques à répétitions.
3. Utiliser le renforcement positif : valoriser ses qualités, ses forces et ses bons comportements (au lieu de mettre l'emphase seulement sur les éléments négatifs qu'on veut corriger).
4. Encourager et valoriser les efforts et les succès (si petits soient-ils).
5. Tolérer les erreurs, les gaffes et ne pas le punir, cela fait partie de son apprentissage (sans quoi il hésitera à ressayer, par manque de confiance).
6. Ne pas avoir d'attentes trop élevées. Accepter les échecs et surtout reconnaître *l'effort*.
7. Lui démontrer qu'il est important à nos yeux. Éviter à tout prix l'indifférence (devant ses activités, ses intérêts, ses paroles et ses gestes).
8. Favoriser les tâches ou activités qui lui permettront de connaître le succès (de gagner de la confiance en lui) et l'encourager à persévérer.
9. Être présent, donner des marques d'affection, lui démontrer qu'on l'aime, qu'on l'apprécie comme il est et qu'on est fier de lui.

« J'ai pas sommeil ! »
Le refus d'aller au lit

Les psy-trucs de 3 à 6 ans

> ### *Les questions que tout parent se pose :*
>
> * Pourquoi établir un rituel du dodo avec mon enfant ?
> * Pourquoi refuse-t-il de dormir ?
> * Pourquoi se réveille-t-il la nuit ?
> * Dois-je accepter qu'il nous rejoigne dans notre lit la nuit ?
> * Comment faire cesser cette habitude ?

Pourquoi établir un rituel du dodo avec mon enfant ?

La période du dodo constitue, pour bien des parents, une période difficile qui nécessite trop souvent beaucoup d'énergie et de patience. La majorité des enfants n'aiment pas aller se coucher parce qu'ils se sentent frustrés d'avoir à cesser leurs activités si captivantes pour faire place à cette étape consistant à se retrouver loin de papa et maman, seul dans leur chambre, en silence et dans l'obscurité. Normal, que nos enfants veulent y échapper !

Le rituel du dodo permet de rendre cette étape beaucoup plus intéressante pour l'enfant. Elle agrémente la transition entre la journée et la nuit et peut faire en sorte que notre enfant accepte beaucoup plus facilement l'idée d'aller se coucher (ce qui nous évite par le fait même d'avoir recours aux interminables interventions, aux menaces, aux grondements...). Ce rituel, s'il est bien installé, devient un moment privilégié entre parent-enfant qui transforme l'heure du dodo en un moment de détente.

Avoir un rituel avant le dodo est très sécurisant pour l'enfant et lui permet de réaliser, peu à peu, que le moment de dormir approche, ce qui facilite grandement son acceptation.

« J'ai pas sommeil ! »

Voici quelques éléments pouvant faire partie de ce rituel :

* Prendre un bain
* Prendre une légère collation
* Se brosser les dents
* Prendre ou préparer un petit verre d'eau
* Aller aux toilettes
* Câlins de bonne nuit
* Bisous à papa, à maman, au frère, à la sœur...
* Raconter une histoire, regarder des photos
* Se coucher un peu avec l'enfant (favorise les discussions/ confidences)
* Jaser avec la doudou/toutou/poupées

Quelques conseils

* Commencer ce rituel très tôt dans la vie de l'enfant... il fera naturellement partie de son quotidien.
* Toujours terminer le rituel dans sa chambre à coucher. Son lit deviendra alors un endroit qu'il associera à ces doux moments !
* Ce petit rituel du dodo doit évidemment se faire dans un environnement d'intimité, de calme et de douceur. (Évitez de le faire dans le tumulte des activités des autres membres de la famille !)
* L'enfant ne doit pas non plus avoir l'impression qu'on veut précipiter les choses, qu'on veut « se débarrasser » de tout ce qui a trait à ce rituel, ce qui aurait pour effet d'annuler tous nos efforts !
* Ne pas allonger le rituel du dodo. Il doit avoir un début et une fin précis et ne doit guère dépasser 30 minutes. Vaut mieux être ferme : « L'histoire est terminée, il faut dormir maintenant ! »

* Ces doux moments ont pour but de détendre l'enfant et le prédisposer à bien dormir et non l'*endormir à tout prix*!
* Éviter de regarder la télévision ou de faire des activités bruyantes avant le dodo (elles peuvent agiter l'enfant).

Il est à noter que dans le rituel du dodo, faire la lecture à notre enfant constitue probablement l'activité la plus efficace et la plus bénéfique pour notre enfant. (Voir « C'est l'heure de l'histoire ! », page 7.) Elle permet de créer un moment de complicité et de réconfort parent-enfant très riche et devient un bon moyen d'entretenir une belle relation affective. Cette lecture, faite dans le confort du lit de notre enfant, constitue un petit moment d'intimité précieux. Elle donne également l'occasion de partager, au fil des pages, des minutes de bonheur qui terminent si bien une journée et qui lui permettront plus facilement de se laisser glisser au pays des rêves!

Pourquoi refuse-t-il de dormir ?

Les enfants ont besoin de leur petit « cérémonial » lors du dodo, mais ils veulent parfois le prolonger ou faire durer le manège : « Une autre histoire svp », « 5 minutes encore », « J'ai faim, j'ai soif, j'ai envie… ». La période du dodo peut donc devenir un véritable marathon d'interventions et de négociations !

Bien des parents ne savent plus comment réagir face à ces multiples demandes qui se terminent parfois par des pleurs pour l'enfant et de l'impatience pour les parents. Une chose est certaine : le rituel du dodo n'est pas destiné à s'éterniser pendant des heures ! Il ne doit pas être utilisé par notre enfant pour nous maintenir le plus longtemps possible près de lui.

Certains enfants sont plus insécures que d'autres et ont besoin de se faire rassurer et réconforter. Nos premières présences dans leur chambre pourront ainsi répondre à ce besoin. Il ne faut cependant pas tomber dans l'excès et retourner chaque fois dans la chambre. Il s'agit de prendre graduellement nos distances et de le rassurer verbalement de l'extérieur de sa chambre, en lui rappelant avec constance et fer-

« J'ai pas sommeil ! »

meté que c'est maintenant l'heure de dormir. « Maman a fait la lecture avec toi et c'est maintenant l'heure de faire dodo. » « Maman n'est pas loin et je t'ai laissé ta veilleuse et ton toutou. Fais dodo maintenant. » Les conseils du genre « Laisse-le faire, il va arrêter tout seul » ou « Ignore-le... c'est juste du caprice »... sont donc à éviter !

Si se coucher un peu avec notre enfant ou lui conter des histoires avant de dormir constitue la seule attention ou le *seul moment privilégié qu'on accorde à notre enfant dans la journée* (pendant lequel l'enfant nous colle, sent notre chaleur et nous a en « exclusivité »), alors il est normal que celui-ci veuille le prolonger. Essayons donc de compenser autrement (avant le dodo).

Malgré tout, le dodo peut représenter pour certains enfants un moment redoutable qu'ils appréhendent pour plusieurs raisons, dont :

- peur de la noirceur ;
- peur de faire des mauvais rêves ;
- volonté de prolonger le temps passé avec papa et maman ;
- insécurité (causée par des changements dans sa vie tels que séparation, arrivée d'un nouveau bébé, nouvelle garderie, entrée à la maternelle...).

Notre rôle consiste alors à combler ce besoin d'être réconforté, d'être rassuré. Voici quelques suggestions afin d'aider notre enfant à trouver un sommeil paisible.

- Mettre une veilleuse dans sa chambre (éviter l'obscurité complète).
- Éviter le silence, faire jouer une petite musique paisible qu'il affectionne particulièrement.
- Ne pas fermer la porte (rares sont les enfants qui aiment cela) et lui dire que vous n'êtes pas loin.
- Lui laisser un élément sécurisant (une doudou, un toutou ou un de nos vêtements).

- Fabriquer une boîte à souvenirs avec photo. L'enfant en pige un le soir et s'endort avec ce souvenir.
- Essayer de réduire ses préoccupations s'il a peur : inspecter avec lui sa chambre (sous le lit, dans le placard...). L'enfant sera alors rassuré, ce qui l'aidera à trouver le sommeil.
- Éviter les activités très stimulantes avant le coucher (jeux vidéo, films intenses, activités physiques...)
- Lui laisser la possibilité de choisir des livres qu'il pourra regarder seul lorsque vous aurez quitté sa chambre. Cela l'occupera sainement, le temps qu'il tombe dans les bras de Morphée !

Pourquoi se réveille-t-il la nuit ?

De 20 à 35 % des enfants de 3 ans se réveillent encore la nuit et cette proportion diminue graduellement jusqu'à l'âge de 5 ou 6 ans. Ces réveils sont parfois occasionnés par des troubles du sommeil, si fréquents dans ce groupe d'âge : insomnie, cauchemars, terreurs nocturnes ou même, occasionnellement, somnambulisme.

Insomnie

L'insomnie est souvent reliée à la peur du noir (ce qui laisse libre cours à leur imagination, si fertile à cet âge). C'est la forme la plus commune des troubles du sommeil.

Cauchemars

Les cauchemars sont beaucoup plus fréquents chez les enfants que chez les adultes et débutent vers 2 ou 3 ans (période qui coïncide avec le développement si intense de leur imagination). Les personnages imaginaires (monstres, sorcières, méchants, chevaliers...) tout comme certaines situations émotives difficiles (changement de garderie, entrée à l'école, dispute des parents, peur d'un animal...) vont alimenter leurs cauchemars. On dit parfois que la nuit permet de « digérer » ou d'assimiler ce que l'enfant acquiert et vit pendant le jour... normal que ces nuits soient parfois agitées !

… « J'ai pas sommeil ! »

Dans le cas de cauchemars, il faut tout simplement parler calmement à l'enfant en le prenant dans nos bras, lui dire que c'est un mauvais rêve, le rassurer brièvement et le recoucher pour qu'il se rendorme. Il faut éviter les longues explications (qui auraient pour effet de briser le sommeil de notre enfant). Vaut mieux revenir sur le sujet le lendemain matin… si l'enfant s'en souvient et s'il a bien sûr le goût de nous en parler ! Bien qu'il soit tentant (et plus facile) d'inviter l'enfant à terminer sa nuit avec nous, il est plutôt conseillé de prendre le temps nécessaire afin qu'il se rendorme *dans son propre lit*.

Terreurs nocturnes
Alors que les cauchemars font peur aux enfants, les terreurs nocturnes effraient surtout les parents par l'intensité de la manifestation. L'enfant s'agite, s'assoit, se jette de son lit en hurlant, balbutie, crie, semble avoir des hallucinations. Il a l'air terrorisé, il est en sueur, il a les yeux ouverts mais ne vous voit pas… Normal que cela nous trouble autant comme parents ! Notre enfant semble être dans un autre monde ! Il faut éviter de le brusquer (en voulant à tout prix le réveiller ou le sortir de sa torpeur), mais plutôt lui parler calmement et le réconforter. Sa respiration reprendra alors un rythme normal et il finira par se rendormir, comme si rien ne s'était passé même qu'il ne se souviendra pas de cet épisode le lendemain !

Bien que les parents soient habituellement très inquiets face à ces manifestations nocturnes, il faut retenir qu'elles sont fréquentes à cet âge et sont sans conséquence pour la santé de l'enfant. Elles ne nécessitent aucun traitement ou consultation, sauf en cas de répétition sur une longue période (plusieurs fois par semaine, et ce, pendant plusieurs mois).

Somnambulisme
Bien que le somnambulisme soit plus fréquent chez les enfants âgés entre 6 et 10 ans (surtout chez les garçons), il peut se manifester occasionnellement dès l'âge de la marche. L'enfant se met alors à déambuler

un peu maladroitement, les yeux ouverts mais tout en ayant l'air endormi, et ce, bien calmement. *Il est fortement déconseillé de réveiller un enfant somnambule.* Il faut plutôt lui parler calmement et le reconduire doucement à sa chambre. Il se laissera faire et se rendormira rapidement, sans avoir de souvenir de ce qui s'est passé le lendemain. Cependant, une fréquence élevée de somnambulisme devrait faire l'objet d'une consultation.

Dois-je accepter qu'il nous rejoigne dans notre lit la nuit ?

Le matin, plusieurs parents ont des problèmes « d'espace » dans leur lit ! Certains enfants qui ne réussissent pas à faire leur nuit complète ont le réflexe d'aller rejoindre leurs parents. Mis à part le fait que notre lit leur semble toujours plus chaud, plus confortable et plus grand que le leur (du moins, c'est le souvenir que nous avons nous-mêmes de celui de nos parents !), c'est généralement par *recherche de sécurité ou de réconfort* que les enfants veulent terminer la nuit avec papa et maman.

On le sait, la nuit est une période de séparation de longue durée pour l'enfant. Ce sentiment d'isolement, combiné à la peur ou l'insécurité, contribue à pousser les enfants à venir nous rejoindre à la première occasion (en se glissant discrètement dans notre lit !). Une période de grands changements (causant de l'angoisse, de la peur, de l'insécurité ou du stress) peut également troubler le sommeil de notre enfant. Il recherchera alors le réconfort que lui procure notre présence.

Bien qu'il soit acceptable de le laisser faire occasionnellement (lorsqu'il est malade, ou le matin seulement...), il n'est pas souhaitable de laisser notre enfant en *prendre l'habitude*. Il risque d'« enregistrer » son incapacité à passer à travers la nuit seul, ce qui *accentue son insécurité*. Il est plutôt conseillé *de le raccompagner dans son lit,* le réconforter, le border afin qu'il se rendorme. L'utilisation de veilleuse, doudou, petite musique peut aussi aider à sécuriser notre enfant. À la limite, on peut lui faire comprendre qu'il peut nous rejoindre seulement le matin (lorsque le soleil se lève, par exemple). Ces règles doivent être claires et

« J'ai pas sommeil ! »

bien suivies, sinon tout sera à recommencer. Nous aidons ainsi notre enfant à se sécuriser dans son environnement, à dormir seul, bref à grandir !

Comment faire cesser cette habitude ?
L'enfant doit d'abord bien comprendre le message : c'est chacun dans son lit !

Les parents doivent faire preuve de patience, de persévérance ainsi que de constance. Les premières nuits risquent d'être mouvementées : les parents devraient donc choisir une période de grande disponibilité pour débuter ce processus (lors d'un long congé, par exemple).

Voici quelques trucs :

- ✶ Un tableau de motivation. On remet un collant à l'enfant le matin lorsqu'il a fait dodo toute la nuit dans son lit.
- ✶ Ramener l'enfant dans son lit chaque fois qu'il vient vous retrouver. On lui parle doucement, on lui dit qu'il est capable de faire dodo seul dans son lit.
- ✶ Particulièrement au début, rester avec lui dans sa chambre jusqu'à ce qu'il se rendorme (s'il le réclame). Progressivement, vous serez en mesure de quitter la pièce dès qu'il sera réconforté.
- ✶ Éviter les interventions excessives : menacer de fermer sa veilleuse, de fermer sa porte, le laisser pleurer seul sans vous déplacer... On se doit de prendre conscience que la nuit est un moment souvent très insécurisant pour tous les enfants. Soyons donc compréhensifs !

Il faut retenir que le succès est souvent synonyme de persévérance et de constance. Alors, si nous maintenons nos interventions pendant quelques semaines, le problème risque fort bien d'être résolu.

Les psy-trucs de 3 à 6 ans

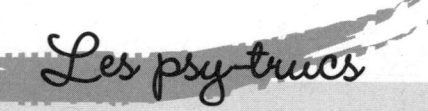

1. Réaliser que le dodo constitue une séparation parfois difficile pour l'enfant. Il faut être patient.
2. Toujours terminer la routine dans sa chambre à coucher (avec de la lecture par exemple).
3. Fournir à l'enfant des éléments de sécurité (porte ouverte, musique douce, veilleuse, doudou, toutou).
4. Éviter d'endormir l'enfant complètement lors du rituel. Il doit apprendre à s'endormir seul.
5. Ne pas allonger la routine du dodo. Elle doit avoir un début et une fin précis et ne doit guère dépasser 30 minutes.
6. Éviter de regarder la télévision ou de faire des activités bruyantes avant le dodo (elles peuvent agiter l'enfant).
7. Raccompagner l'enfant dans son lit chaque fois qu'il vient nous rejoindre (le réconforter, le sécuriser pour qu'il se rendorme).
8. Éviter les interventions excessives (menacer de fermer la porte ou d'éteindre la lumière).

« Va dans ta chambre ! »
Les méthodes d'intervention

> **ℒes questions que tout parent se pose :**
>
> * **Les interventions sont-elles nécessaires à la discipline ?**
> * **À quel âge commence-t-on à intervenir ?**
> * **Comment intervenir auprès de notre enfant ?**
> * **Quelles sont les méthodes d'intervention à éviter ?**
> * **Quelles sont les punitions que nous pouvons appliquer ?**
> * **Dois-je le récompenser ?**

Sébastien ne cesse de courir et crier dans la maison, il n'écoute pas les consignes à la garderie ou encore, il ne veut pas ranger ses jouets tel que demandé. Pas facile de savoir comment intervenir devant de tels comportements. Dois-je le punir ? Dois-je l'envoyer réfléchir dans sa chambre ? Est-ce que les menaces sont efficaces ? Devrais-je le laisser faire ou même l'ignorer ? Voilà des questions que se posent bien des parents ou intervenants pour qui l'application des règles et des consignes peut devenir un véritable casse-tête !

Les interventions sont-elles nécessaires à la discipline ?
Nos enfants sont des êtres en construction et la discipline permet de leur montrer ce qui est acceptable dans la famille ou dans la société et ce qui ne l'est pas. Les parents qui ont à cœur l'éducation de leurs enfants comprendront que leur bonheur et leur développement passent par l'apprentissage des règles et des limites, ce qui nécessite un minimum d'encadrement. (Voir « La discipline : tout un défi ! », page 69).

Pour assurer cette discipline, il faut non seulement faire preuve de constance et de fermeté dans l'application des règles, mais également savoir *intervenir adéquatement*. Nos interventions auprès de nos enfants doivent être appropriées selon les circonstances tout en respectant leur développement et le maintien de leur estime de soi.

À quel âge commence-t-on à intervenir ?

En fait, dès l'âge d'environ 9 mois, on peut commencer à fixer des limites à notre enfant et lui dire NON pour qu'il apprenne progressivement que tout n'est pas permis et lui fournir des repères. Il a besoin de la limite que ce « non » lui donne et de l'encadrement que cela lui procure afin de bâtir sa confiance, sa sécurité et d'être en mesure de grandir.

Ce n'est par contre qu'entre 2 et 5 ans que nos tout-petits acquièrent les notions de respect et d'autorité et se familiarisent avec la discipline. Ils apprennent ainsi à vivre progressivement en fonction des règles et des contraintes qu'on établit. On peut dès lors commencer à expliquer les conséquences et les appliquer à partir d'environ 3 ans. *Avant cela, l'enfant n'a pas la capacité de faire le lien entre la conséquence et le geste réprimandé*, et il est plutôt conseillé de dire simplement « NON » et de faire diversion.

Comment intervenir auprès de notre enfant ?

Les méthodes d'application de la discipline ont bien changé. On est passé de la méthode rigide des années 1950 à une forme plus libérale et permissive, axée sur la liberté et l'expression de l'enfant.

Bien que nous soyons tous d'accord avec l'importance d'imposer des limites à notre enfant et de lui enseigner les bonnes règles de conduite, l'application de cette discipline est bien souvent très ardue dans la réalité de tous les jours. Nous voulons tous que nos enfants soient bien éduqués, mais en même temps, nous ne voulons pas tomber dans l'excès et avoir l'impression que les seuls moments passés avec nos enfants se limitent à gérer des interdits ou des réprimandes.

* **Règles trop strictes ?** Évitons d'imposer des règles trop strictes ou qui ne seraient pas adéquates pour l'âge de notre enfant. Il faut éviter d'imposer un trop grand nombre de règles, sans quoi nous risquons de tomber dans le mode « parent-policier » qui rend parfois si lourd notre rôle en tant que parent, et ce, au détriment de tous les petits bonheurs que cela devrait pourtant nous apporter.
* **Éducation trop permissive ?** Une éducation trop permissive, une discipline sans règles claires ou un encadrement déficient nuisent au bon développement de notre enfant et risquent de compromettre son apprentissage du respect des autres et de l'autorité (celui des parents, professeurs, intervenantes en milieu de garde...) (Voir « Le "roi" de la maison ? », page 17.)

Le défi auquel fait face tout parent ou intervenant est de trouver le juste équilibre. Il est clair que nous devons établir et maintenir des règles et des limites avec nos enfants, mais il est tout aussi évident que ces derniers auront naturellement tendance à défier ces règles ou à vouloir repousser ces limites. *C'est là que nous devons intervenir,* sans quoi nous risquons de perdre notre crédibilité et l'enfant, ayant détecté cette faiblesse, recommencera la prochaine fois.

C'est sur notre façon d'intervenir que le problème peut se poser. Les différentes philosophies d'éducation ou d'autorité font en sorte que bien des parents se demandent si leur façon de faire avec leurs enfants est la bonne.

Voici quelques exemples de méthodes d'intervention souhaitables.

MÉTHODES D'INTERVENTION À APPLIQUER
Le « 1-2-3 magique »
Créativité et bonne humeur
Chuchotement
Renforcement positif

« Va dans ta chambre ! »

Le « 1-2-3 magique »
Cette méthode consiste à rappeler la règle ou la demande que nous avons faite à notre enfant et à l'informer de la conséquence qui l'attend si son comportement n'est pas changé au compte de 1...2...3 ! Cette méthode permet de susciter son intérêt et son attention. L'enfant aura certainement plus le désir de répondre à ce petit défi que nous venons de lui proposer si subtilement !

« Émile, je t'ai demandé de venir ranger tes jouets sinon tu n'écoutes pas de télé pour le reste de la journée. Je compte jusqu'à trois. 1...2...3. »

Cette méthode est très efficace et les parents ou intervenants sont toujours agréablement surpris des résultats positifs obtenus, à condition de ne pas recommencer le compte ou de se laisser aller… jusqu'à 10 !

Créativité et bonne humeur
Particulièrement pour les plus jeunes, l'utilisation du sens de l'humour, du jeu ou de l'imaginaire pour apprendre et faire respecter certaines règles ou directives est très efficace. Ces méthodes d'intervention permettent de les intégrer dans un climat positif. Les taquineries, les chatouillements, les petits clins d'œil, les sourires, les petits jeux ou l'utilisation de leurs personnages préférés peuvent désamorcer des situations tendues. Ils deviennent des alliés importants pour motiver notre enfant à respecter la règle ou pour modifier son comportement, et ce, dans un climat beaucoup plus harmonieux.

Les psy-trucs de 3 à 6 ans

Exemples

Charles refuse de s'habiller alors qu'il est temps de partir pour la garderie. Au lieu de le réprimander, nous pouvons faire preuve de taquineries afin de désamorcer la situation : « Ah mon petit coquin toi » (accompagné de petits chatouillements). Charles risque ainsi de retrouver sa bonne humeur et d'oublier qu'il ne voulait pas s'habiller ! « Bon, allez mon grand, viens, je vais t'aider un peu... »

Léa est d'humeur douteuse et refuse de manger ou de terminer son assiette. « Allez M. Colère, sortez de Léa, vous lui coupez l'appétit. Laissez-la manger tranquille, voyons. Il faut qu'elle mange si elle veut devenir grande comme sa maman ! »

Devant Sébastien qui ne veut pas ranger ses jouets, essayez de lui présenter la demande sous forme de jeu. « O.K. ! Qui sera le champion du rangement aujourd'hui ? Moi je suis sûr que c'est Sébastien. On va voir combien de temps cela te prendra, 1... 2... 3... »

Devant Antoine qui a oublié la règle de ne pas sauter sur le divan du salon, dites ceci : « Aie ! Toi, mon espèce de kangourou à deux pattes ! Tu le sais qu'on ne saute pas sur les divans. Va donc dépenser tes énergies dehors ! »

En favorisant un climat positif rempli de bonne humeur, nos enfants réagiront avec plus de douceur, ce qui facilitera notre rôle. Cette première approche permet de désamorcer la situation et d'éviter de faire appel systématiquement aux réprimandes ou aux conséquences qui nous demandent certainement beaucoup plus d'énergie en tant que parents et qui pourraient plutôt être réservées en cas de récidive.

« Va dans ta chambre ! »

Chuchotement

Le chuchotement constitue une méthode d'intervention particulièrement utilisée en cas d'excitation intense, de colère, de pleurs ou de crise. Au lieu de réagir en haussant le ton (et d'en faire une source de confrontation), le parent qui chuchote va détendre l'atmosphère, sécuriser l'enfant, susciter son attention et le détourner de son obsession du moment. L'enfant aura alors tendance à se calmer, ce qui favorisera son écoute et éventuellement sa collaboration.

Rosalie est en pleurs/crise parce qu'on vient de lui interdire de manger une collation (un léger goûter) peu avant le repas. Sa maman lui chuchote : « Rosalie ! Viens ici, je veux te parler à l'oreille ! Est-ce que tu sais ce qu'on va manger pour le souper ?... Est-ce que tu veux qu'on mette la table ensemble ? » De cette façon, maman vient de calmer les ardeurs de Rosalie qui est soudainement intriguée par ce chuchotement au point d'en oublier sa demande !

Renforcement positif

Le renforcement positif consiste à mettre l'accent sur les bons coups ou les bons comportements adoptés. En encourageant notre enfant, on lui apporte une attention positive qu'il voudra répéter. C'est également une source de motivation qui l'incitera à adopter et à respecter les règles ou comportement désirés. C'est une méthode d'intervention positive qui nourrit particulièrement l'estime de soi de notre enfant. (Voir « Je suis pas bon, moi ! », page 115).

« Wow ! Tu as rangé tous tes jouets... Bravo ! »
« Bravo, tu as dit SVP et Merci à Jonathan
pour son morceau de chocolat ! »

Les psy-trucs de 3 à 6 ans

> Il arrive souvent que les enfants aient davantage l'attention des parents quand ils ont de mauvais comportements. Le besoin d'attention est très fort chez les enfants, c'est pourquoi ils aiment autant en avoir de façon négative que pas du tout. Il est donc important d'être attentif et de les encourager, les féliciter, bref leur donner de l'attention *positive* le plus souvent possible afin de réduire les comportements désagréables.

Quelles sont les méthodes d'intervention à éviter?

Notre façon de réagir et de faire comprendre à notre enfant que nous désapprouvons son comportement a toute son importance et certaines méthodes sont particulièrement nuisibles à son bon développement.

MÉTHODES D'INTERVENTION À ÉVITER
Dénigrement (violence verbale)
Répéter sans cesse
Menaces
Fessée
Explications excessives
Indifférence/banalisation

« Va dans ta chambre ! »

Dénigrement (violence verbale)
Des règles imposées dans un climat constamment négatif (sans respect envers l'enfant, avec dénigrement ou même avec violence verbale) peuvent nuire à l'épanouissement de notre enfant, le brimer et sérieusement hypothéquer son estime de soi. Il faut absolument éviter les insultes ou les commentaires dégradants.

« T'es méchant avec ta sœur ! »
« Arrête de faire le bébé ! »
« Pourquoi es-tu toujours désagréable ? »

Ces phrases, même dites sans agressivité ou méchanceté volontaire, finissent par donner l'impression à notre enfant qu'il est une mauvaise personne (alors que ce n'est que son comportement qui est inadéquat). On a parfois l'impression, en tant que parent, que cela puisse être une façon d'avoir plus d'impact (le provoquer en espérant qu'il soit fortement tenté de changer). IL N'EN EST RIEN ! Au contraire, en plus d'affecter son estime de soi, cela peut parfois accentuer le comportement indésiré.

Dans toutes nos interventions, il est important de faire sentir à notre enfant que ce n'est pas lui en tant que personne que nous remettons en cause, *mais son comportement*.

« Ce n'est pas une bonne idée d'enlever le camion à ton frère... »

Il faut également faire attention de ne pas intervenir devant les autres puisque c'est très humiliant pour l'enfant et cela ne fera qu'amplifier son désir de s'opposer.

Répéter sans cesse

Bien qu'il soit normal de *rappeler* les règles à notre enfant (puisqu'il est en apprentissage), il faut éviter de *répéter* sans cesse la même consigne ou la même demande. Nos enfants connaissent nos limites et savent le nombre de fois qu'ils peuvent nous faire répéter avant d'intervenir. Puisque notre enfant réalise qu'il peut ainsi prolonger son comportement, pourquoi obéirait-il à la première demande ?

Notre enfant risque donc de développer cette « habitude » d'être attentif ou de réagir seulement après la quatrième ou cinquième demande. Cette attitude aura certainement un impact à la garderie ou à l'école où les consignes doivent être appliquées *sur demande*. L'enfant risque donc d'être puni, en plus d'être perçu comme un enfant dérangeant qui ne suit pas les consignes et qui défie l'autorité.

Répéter sans cesse, c'est encourager notre enfant à prolonger et, surtout, à ne pas écouter dès la première demande. Il est plutôt recommandé de répéter une seule fois la demande en précisant quelle sera la conséquence, puis agir s'il le faut : 1... 2... 3 !

Menaces

Après les multiples répétitions arrivent souvent les menaces !

*« Je t'avertis, si tu ne viens pas ranger tes jouets,
je les mets à la poubelle ! »
« Je te préviens, si tu ne viens pas t'habiller,
tu n'auras plus le droit de jouer à l'ordinateur ! »
« Si tu n'arrêtes pas de crier, tu ne reviendras plus au restaurant ! »*

Ces menaces sont bien souvent des conséquences excessives ou rarement appliquées. Informer notre enfant de la conséquence qui l'attend ne constitue pas une menace en soi, mais elle le devient si celle-ci

« Va dans ta chambre ! »

est rarement appliquée ou est farfelue et cela, l'enfant le perçoit assez rapidement.

Encore une fois, c'est votre crédibilité en tant que parent qui est en cause lorsque vous n'appliquez pas des punitions appropriées. Lorsque vous faites assumer à votre enfant les punitions de ses gestes ou de ses choix, il retient plus facilement la consigne en cause et apprend à devenir responsable.

Fessée

Malgré que la fessée soit une pratique considérée de plus en plus comme archaïque, bien des parents se laissent emporter par cette claque « qui est partie toute seule » ou ont parfois le goût d'utiliser ce moyen devant une situation qui leur est devenue incontrôlable. Devant un comportement inadmissible ou dérangeant de l'enfant, certains parents deviennent exaspérés, ne savent plus comment réagir ou intervenir, se sentent impuissants et finissent par céder à la colère et à la fessée. Bien que la situation soit compréhensible, le geste, lui, demeure injustifié.

La fessée représente donc une *perte de contrôle du parent* ou une intervention ultime devant son manque de moyens d'intervention. Elle est également utilisée comme « moyen » (inefficace) de communiquer à l'enfant son désaccord devant un comportement inadéquat (les parents ont parfois l'impression que c'est la seule façon de se faire comprendre). Bref, la fessée ou la claque devient un moyen de régler ou de palier un problème de communication ou d'intervention *du parent*.

Cette technique de punition peut parfois sembler efficace en donnant des résultats *immédiats*, mais ce n'est qu'à *très court terme*. L'enfant ayant peur de nous va soudainement (et souvent momentanément) nous obéir et exécuter ce qu'on lui demande, mais les conséquences affectives peuvent être importantes. La fessée représente un geste humiliant pour l'enfant, un geste qui porte atteinte directe à son estime de soi tout en brisant le lien de respect et de confiance avec le parent. Face à une intervention physique soutenue, l'enfant aura peur de faire une bêtise, sera méfiant envers les adultes, hésitera avant d'entreprendre quoi que ce soit et risque de se refermer sur lui-même, ce qui n'est certainement pas bénéfique pour son développement.

Explications excessives

Il faut éviter de tomber dans des explications excessives. Vaut mieux expliquer concrètement ce que vous attendez de votre enfant sans rentrer dans des discussions interminables ou sans faire la morale.

Exemple : « J'aimerais que tu joues avec ton petit cousin parce qu'il t'aime beaucoup et il ne comprend pas que tu es plus grand. Toi aussi quand tu étais petit... bla bla bla... »

Les enfants aiment savoir clairement ce que l'on attend d'eux.

Indifférence/banalisation

Il est tout à fait contre-indiqué d'ignorer les gestes ou comportements indésirables de notre enfant (afin d'éviter d'intervenir ou de tenter de les banaliser). Certains parents ont tendance à avoir cette réaction, entre autres devant un public. Se sentant mal à l'aise, ils tenteront d'atténuer l'effet en riant nerveusement et en évitant d'intervenir. Bien qu'il soit effectivement conseillé de ne pas réprimander devant un public, il est fortement souhaitable d'aller en retrait pour le faire.

> Il faut également éviter de démissionner ou de laisser tomber notre demande ou notre consigne par manque d'énergie (de temps) ou simplement dans le but d'éviter les conflits.

Dans tous les cas, il faut savoir intervenir adéquatement afin de désamorcer des situations pouvant dégénérer en crise ou en rapport de force et, si requis, appliquer les conséquences nécessaires afin de faire comprendre à notre enfant que ces règles sont importantes et doivent être respectées.

Quelles sont les punitions que nous pouvons appliquer ?

Dans le cas où le parent se retrouve dans une situation l'obligeant à répéter la consigne ou la demande, il est possible d'aller chercher l'enfant par la main et l'amener ou l'inciter à faire ce qui a été demandé (venir manger, s'habiller, ranger son jouet, se laver les mains…). C'est une façon de faire comprendre à notre enfant que la demande est claire, importante et qu'il n'a pas le choix de la respecter.

Dans le cas où l'enfant ne collabore pas malgré l'intervention des parents ou qu'il ne respecte pas les règles, les parents n'auront pas le choix, ils devront absolument informer l'enfant de la conséquence qui l'attend et l'appliquer si nécessaire.

Dans la mesure du possible, nous devons choisir des punitions qui sont reliées au comportement (retirer le jouet, l'exclure du jeu…). La punition devra être :

* réaliste ;
* de courte durée ;
* applicable dans l'immédiat.

Les psy-trucs de 3 à 6 ans

Punitions suggérées
* Enlever les jouets que l'enfant lance malgré les avertissements.
* Priver l'enfant d'écouter la télé pour la soirée.
* Enlever le droit d'aller jouer dehors pour la matinée.
* Dire à son enfant qu'il va se coucher 15 minutes plus tôt qu'à l'habitude.
* Mettre son enfant en réflexion (sur une chaise) pour 2 à 5 minutes.
* Exiger que l'enfant essuie les taches qu'il a faites avec ses bottes dans le salon.

Punitions à éviter
* Menacer son enfant de jeter ses jouets à la poubelle ou de lui retirer pour 1 semaine.
* Retirer le droit de jouer à l'ordi pour 3 jours !
* Priver l'enfant du droit d'aller jouer dehors pour la fin de semaine.
* Menacer l'enfant qu'il ne viendra plus à l'épicerie avec maman.

Certaines formes de conséquences sont à privilégier par rapport à d'autres, de même que des conséquences peuvent nous sembler efficaces sur le moment, mais elles sont totalement déconseillées pour le bien-être de notre enfant.

CONSÉQUENCES À APPLIQUER	CONSÉQUENCES À ÉVITER
Réflexion	Isolement
Retrait de privilège	Punitions physiques
Réparation	Retrait à genoux
	Punitions affectives

« Va dans ta chambre ! »

Réflexion

La réflexion est une bonne méthode qui consiste à mettre notre enfant en retrait pour un temps *limité* afin qu'il puisse se calmer (2 à 5 minutes maximum pour les enfants entre 3 et 6 ans). C'est une méthode qu'on ne devrait pas utiliser avant l'âge de 3 ans puisque avant cet âge, notre enfant va difficilement faire le lien entre la conséquence et le comportement reproché. Il est conseillé d'utiliser un chronomètre ou un petit sablier pour que notre enfant visualise le temps qui s'écoule. Cela évite aussi ces interminables « Maman ! Est-ce que je peux me lever maintenant ? ». À la fin de la réflexion, ne pas faire la morale ou réexpliquer le geste reproché. Orienter plutôt l'enfant vers une autre activité.

Il est important à cet égard de ne pas *isoler* notre enfant. Pour la période de réflexion, utiliser plutôt une chaise, un sofa, une marche d'escalier, bref un endroit où il se sentira en sécurité tout en remarquant notre présence. Il ne s'agit pas non plus d'humilier notre enfant. Les retraits dans un coin (face au mur) ou à genoux sont donc à éviter.

Il faut également éviter le retrait dans sa chambre puisque l'enfant aura l'impression d'être abandonné et développera de l'anxiété. La chambre doit rester un endroit où il fait bon de se retrouver (pour le dodo entre autres). Si vous habituez votre enfant à s'isoler dans sa chambre lorsque quelque chose ne va pas bien, ne soyez pas surpris qu'il garde cette malheureuse habitude à l'adolescence !

Retrait de privilège

Dans le cas où il n'est pas possible d'associer une punition directement reliée au geste commis, nous pouvons utiliser le retrait de privilège, en autant que cette privation soit limitée dans le temps. Il faut éviter de retirer le droit de regarder la télé pour deux jours ou le droit de jouer avec son jouet pour une semaine : ce n'est pas plus efficace que la perte du privilège pour une soirée ou une heure seulement !

D'ailleurs, les retraits de privilège ne devraient jamais être des punitions affectives, c'est-à-dire priver l'enfant de moments affectifs bénéfiques. Évitons de les priver du conte avant le dodo, de la visite chez grand-maman, du privilège de jouer avec papa au hockey. Bref, ne pas lui retirer ces moments qui permettent normalement d'établir une belle relation avec notre enfant et de renforcer le lien d'attachement et la complicité avec lui.

Réparation

La réparation est une conséquence directement reliée au geste commis : ramasser son dégât, ramasser les livres à la traîne, s'excuser auprès d'un ami après l'avoir bousculé, faire un câlin à sa petite sœur... Lorsque la réparation est complétée, la punition est terminée et on passe à autre chose.

Cette réparation permet à l'enfant de corriger le tir de façon positive tout en préservant son estime de soi. Le message qu'on envoie à l'enfant est le suivant : tu as fait une erreur (*ce qui est normal puisqu'il est en apprentissage*) et maintenant tu la corriges et tu essaies de ne plus la refaire !

Nous devons éviter d'utiliser *abusivement* des conséquences, sans quoi elles vont perdre leur effet et risquent d'atteindre l'estime de soi de notre enfant. Il faut laisser à celui-ci une certaine marge de manœuvre adaptée à son groupe d'âge et son niveau d'autonomie. Il faut aussi éviter d'intervenir excessivement, sans quoi l'enfant va devenir « immunisé » et nos interventions risquent ainsi d'avoir de moins en moins d'impact.

Dois-je le récompenser ?

Les récompenses sont des moyens que nous pouvons utiliser pour motiver notre enfant à adopter ou modifier un comportement. Il faut cependant ne pas en abuser, sinon l'enfant risque de modifier son comportement uniquement pour obtenir la récompense et non pas parce qu'il aura compris que le comportement est inadéquat. C'est un élément de motivation *externe* qui a certainement son effet à court terme, mais qui peut engendrer une attitude malsaine de marchandage, dans lequel aucun compromis ne sera fait sans avoir quelque chose en retour... même en tant qu'adulte !

Il est préférable d'utiliser des récompenses affectives plutôt que matérielles dans ce type d'intervention.

> « Si tu vas ranger tes jouets comme je te le demande,
> je vais faire un jeu avec toi avant d'aller faire dodo. »
> « Si tu restes au lit et cesses de te lever, on va faire
> le déjeuner ensemble demain matin. »

contre

> « Si tu es fin avec ton frère aujourd'hui, on va aller
> au magasin de bonbons. »
> « Si tu arrêtes de crier, je vais t'acheter ton jouet. »

Les récompenses affectives sont plus acceptables en ce sens qu'elles constituent une source de motivation tout en permettant de passer de bons moments avec le parent. Alors que la récompense matérielle est bien éphémère, la récompense affective présente l'avantage de s'investir affectivement avec notre enfant, ce qui a un impact positif pour notre relation.

Les psy-trucs de 3 à 6 ans

Les psy-trucs

1. Prendre conscience que nous devons intervenir adéquatement afin de faire respecter nos règles et nos limites (pour éviter d'en faire un « enfant-roi »).
2. Pour faire respecter nos consignes, faire preuve de méthodes positives : le « 1-2-3 magique », le renforcement positif, le chuchotement, les taquineries...
3. Éviter les méthodes inappropriées telles que menaces, dénigrement, répétition, indifférence...
4. Informer notre enfant des conséquences attendues en cas de non-respect des consignes et les appliquer si nécessaire.
5. Appliquer des punitions réalistes, de courte durée et dans l'immédiat autant que possible.
6. Privilégier des punitions telles que la réflexion (sans isolement), le retrait de privilèges et la réparation.
7. Éviter les punitions telles que l'isolement, les punitions physiques ou affectives et l'humiliation (retrait en coin ou à genoux).
8. Ne pas abuser des punitions : elles perdront leur effet souhaité et atteindront l'estime de soi de l'enfant.
9. Faire du renforcement positif : féliciter les bons comportements tout autant !

« Comment on fabrique des bébés ? »
La sexualité

Les psy-trucs de 3 à 6 ans

> *Les questions que tout parent se pose :*
>
> * À quel moment arrive cette curiosité sexuelle ?
> * Dois-je lui parler de sexualité ?
> * Comment répondre à toutes ses questions ?
> * Comment réagir si je le surprends à jouer au « docteur » ?
> * Il se masturbe, dois-je le laisser faire ?
> * Doit-on éviter de se montrer nu devant nos enfants ?

« Dis-moi, Maman, comment on fait les bébés ? » « Papa, c'est quoi "faire l'amour" » « Est-ce que mon pénis va grandir ? »... Tous les parents ont, un jour ou l'autre, à faire face à ces questions intrigantes pour l'enfant. Nous sommes souvent mal à l'aise devant cette soudaine curiosité à l'égard de leur corps ou inquiets devant certains comportements sexuels qui, pourtant, constituent une étape essentielle de leur développement.

À quel moment arrive cette curiosité sexuelle ?

L'identité sexuelle de nos enfants se forge dès la naissance avec l'exploration graduelle de leurs corps. Puis, vers 3 ans, se manifeste leur curiosité sexuelle. La différence entre leur corps et celui des autres attire particulièrement leur attention, d'où l'apparition de toutes ces questions. C'est également entre 3 et 5 ans que les enfants découvrent la masturbation et qu'ils développent le goût de se toucher, se montrer (exhibitionnisme) et regarder les autres (le jeu du « docteur »).

Puis tout naturellement, vers 6-8 ans, nos enfants entrent dans une période où le besoin d'intimité se fait un peu plus sentir.

« Comment on fabrique des bébés ? »

Dois-je lui parler de sexualité ?

La curiosité sexuelle des enfants est saine et il est normal que nous soyons présents pour répondre à leurs interrogations. C'est une étape essentielle dans l'apprentissage des petits dans laquelle notre rôle est primordial. Malgré tout, l'éducation sexuelle demeure pour certains un sujet difficile à aborder : malaise, gêne ou réticences nous empêchent trop souvent d'en parler ouvertement avec notre enfant. La peur de ne pas savoir quoi dire ou de lui présenter des explications qui ne sont pas adaptées à son âge nous bloque bien souvent. C'est pourquoi il ne faut surtout pas hésiter à s'appuyer sur des livres traitant du sujet (et adaptés au groupe d'âge de notre enfant) pour nous aider à aborder ces discussions.

L'éducation sexuelle de notre enfant commence en bas âge (à partir du moment où on nomme les parties génitales sans gêne comme on le ferait pour les autres parties du corps) et se poursuit jusqu'à l'adolescence en répondant ouvertement à leurs questions. Certains parents tentent de maintenir leur enfant à l'écart de toute allusion à la sexualité, de se faufiler ou d'éviter de répondre aux questions qui leur sont posées. « Tu apprendras ça plus tard. » « Tu es trop petit pour savoir ça... » Cette réaction est déconseillée et risque non seulement de briser le lien de communication avec notre enfant, mais aussi d'établir un malaise face à la sexualité (sujet tabou) et peut faire obstacle à une vie sexuelle épanouie dans le futur. Cette attitude peut également créer une certaine distance avec l'enfant qui, à l'adolescence, ne cherchera pas le réconfort ni même conseil chez ses parents.

Il est donc important de ne pas interdire ni culpabiliser les manifestations de la sexualité de notre enfant. Ses questions correspondent à un besoin que nous devrions respecter et tenter de combler, sans quoi il finira par éviter d'en parler (et restera sans réponses à ses questions qui vont augmenter en vieillissant). Il est aussi possible qu'il soit tenté d'obtenir satisfaction autrement, sans trop savoir si les réponses seront adéquates.

Bien que nous ayons un rôle important à jouer sur le plan de l'éducation sexuelle de notre enfant, il est généralement conseillé de ne pas aller au-devant de ses besoins et de le *laisser nous poser les questions*. Si la demande provient de l'enfant, cela veut dire qu'il est prêt à recevoir des réponses. Lorsque ce moment arrive, nous devons tenter de répondre le plus simplement possible, avec un vocabulaire adapté à son âge et en évitant les longues explications.

Comment répondre à toutes ses questions ?

Ce qui est parfois déconcertant comme parent, c'est de réaliser qu'à cet âge, notre enfant est capable de poser n'importe quelle question sans la moindre gêne ou retenue. Une chose est sûre : une question mérite une réponse. Il faut donc éviter de se faufiler et répondre le plus simplement possible sans inventer des histoires abracadabrantes (les histoires de cigognes ou de feuilles de chou sont révolues !). Il faut aussi retenir que l'enfant n'a pas besoin de grandes explications pour assouvir sa curiosité. Il faut utiliser les bons mots (c'est-à-dire adapter notre réponse en fonction de son âge) et éviter les cours intensifs. Une réponse claire et succincte est suffisante et si ce n'est pas le cas, l'enfant posera d'autres questions, tout simplement ! Voici des exemples de questions fréquemment posées.

Comment fait-on les bébés ?

C'est souvent vers l'âge de 4 ans que nos enfants s'interrogent au sujet de la conception (comment on fait les bébés, par où sortent les bébés...). Évitons les histoires farfelues ou inventées bien maladroitement. Il est préférable d'expliquer simplement à l'enfant que les bébés se développent dans le ventre de la maman, sans donner plus de détails sur l'acte de reproduction en tant que tel. Ce sujet pourra être expliqué plus tard, lorsque la question sera posée plus explicitement. Dans un tel cas, on peut répondre par exemple que papa et maman se sont fait un gros câlin et que papa a mis « la petite graine dans le ventre de maman ». Cette graine rencontre un œuf et 9 mois plus tard, un bébé sort du ventre de maman. Ce n'est que lorsque l'enfant est un peu plus vieux (6 ans ou plus environ) qu'on peut introduire les notions de pénis du papa qui

« Comment on fabrique des bébés ? »

entre dans le vagin et qui y laisse un liquide (appelé sperme) contenant une semence (spermatozoïdes) qui doit rencontrer l'ovule, etc.

Papa, est-ce que mon pénis va grandir ?
Devant cette inquiétude, nous pouvons lui expliquer que son pénis a grandi depuis sa naissance et que ce sera ainsi jusqu'à la puberté (vers 16 ans), comme toutes les autres parties de son corps. On peut aussi lui expliquer que la taille diffère d'une personne à l'autre (sans que ce soit mieux ou moins bien).

Maman, c'est quoi « faire l'amour » ?
On peut expliquer à l'enfant que faire l'amour, c'est « se faire des câlins spéciaux », se donner des baisers, se coller, se caresser et que seuls les adultes amoureux font ce genre de câlins.

Et s'il vous surprenait au lit !
Malgré toutes les précautions que les parents puissent prendre lorsqu'ils font l'amour, il peut arriver que les enfants en soient accidentellement témoins. C'est une scène qui peut s'avérer traumatisante pour eux (et pour nous aussi !) et *notre réaction* peut amplifier les choses ou dramatiser encore plus la situation (les parents qui réagissent fortement en voyant qu'ils ont été « pris sur le fait »). Il est important de contrôler notre réaction, de ne pas réagir brusquement et d'aller reconduire notre enfant avec calme et douceur. Vous pouvez par la suite expliquer que vous ne vous faites pas de mal, au contraire. Que vous étiez en train de vous faire des câlins, des caresses parce que vous vous aimez. Tout dépendant de son âge (vers 4-6 ans), vous pouvez aussi lui expliquer que ces gestes sont faits dans l'intimité. Si la porte de la chambre des parents est fermée, l'enfant doit cogner et attendre l'autorisation avant d'entrer.

Comment réagir si je le surprends à jouer au « docteur » ?

Émilie, la petite voisine, est venue jouer avec votre beau Frédérick, 4 ans. Alors qu'ils jouent tranquillement au sous-sol, vous descendez vérifier si tout va bien et réalisez avec surprise qu'ils sont nus comme un ver et s'examinent mutuellement les parties génitales ! Comment réagir ? Doit-on les punir ? Chasser Émilie et lui interdire de revenir à la maison ? En parler aux parents d'Émilie ? Bref, des questions qui sont normales et délicates puisque la sexualité est encore un sujet tabou, surtout avec nos tout-petits.

La curiosité sexuelle de nos enfants est une étape normale dans leur développement. Bien qu'il soit important *de ne pas interdire ni culpabiliser* les manifestations de la sexualité de notre enfant, il est parfois difficile de discerner un comportement adéquat de celui qui ne l'est pas. Qu'est-ce qui est normal ? Doit-on s'inquiéter devant certains gestes ou comportements ?

Les enfants de ce groupe d'âge sont dans une période intense de découverte de leur corps, de leur identité sexuelle et prennent conscience de la différence sexuelle. Ils veulent comprendre, veulent découvrir et pour ce faire, ils ressentent ce besoin de voir, de toucher (c'est la façon d'apprendre à cet âge : le plus concrètement possible). C'est donc une période où il joue au « docteur » ou à « Papa-Maman ». Ces jeux se pratiquent parfois indifféremment entre frères et sœurs, cousins, cousines, copains, copines.

Bien que nous ne devions pas tolérer ces jeux sexuels, il est inutile de s'alarmer ou de s'inquiéter en imaginant les pires choses... Nos enfants veulent simplement vérifier ce qu'ils ont cru comprendre ou se réconforter dans leur identité sexuelle (le sexe de l'autre est pareil ou différent du sien). Pour nos enfants qui jouent au docteur, baisser leur culotte est tout aussi banal que de s'ausculter, de prendre le pouls ou d'écouter le cœur de l'autre (comme le font justement les docteurs). Pour l'enfant, cela demeure un jeu, et ce, dans toutes les étapes que celui-ci comporte.

Il est donc important de ne pas projeter sur eux notre honte ou inquiétude et de ne pas réagir de manière exagérée ou gronder nos

« Comment on fabrique des bébés ? »

enfants (les traiter de « petits cochons », par exemple). Cela leur donnerait l'impression d'avoir commis quelque chose de grave, d'anormal ou de « sale ». Dites-leur calmement que ce n'est pas une bonne idée, demandez-leur de se rhabiller, expliquez-leur qu'on ne se met pas tout nu ainsi devant les gens et dirigez-les vers d'autres jeux tout en étant attentif aux questions qu'ils voudront peut-être poser sur leur corps. Demeurez ouvert à discuter de ce que votre enfant désirait vérifier ainsi avec ce jeu. Ce qui pourrait être une occasion de le rassurer ou de répondre à quelques-unes de ses questions.

Il se masturbe, dois-je le laisser faire ?

Les filles et les garçons de ce groupe d'âge ont un grand intérêt pour leurs organes génitaux, ce qui les porte à s'examiner de très près (dans le bain, dans leur lit...). Ils prennent conscience, en se touchant, que cette partie de leur corps est particulièrement sensible. En frottant leurs organes génitaux, ils ressentent du plaisir (qui peut être variable en intensité d'un enfant à l'autre). La pratique de la masturbation ou « autoérotisme » apparaît donc graduellement et innocemment, par simple instinct, et peut devenir un plaisir sensuel chez l'un, ou avoir une fonction de détente et d'apaisement chez l'autre.

Même si cette autostimulation inquiète bien des parents, il ne faut pas s'alarmer. La masturbation régulière chez notre enfant est normale et nous devons faire preuve de tolérance. Il est important *de ne pas interdire ni culpabiliser* les manifestations de la sexualité de notre enfant. Il faut évidemment intervenir si c'est fait en public (question de pudeur), mais sans excès. Si le parent réagit d'une manière agressive, l'enfant aura l'impression d'avoir commis quelque chose de grave et de « sale ». Il risque d'associer, dans son esprit, le plaisir (ou jouissance) à l'interdit. À la longue, cela peut avoir un impact sur sa sexualité future en tant qu'adulte (avoir l'impression que la sexualité, c'est mal...).

Plus particulièrement pour les enfants de 5 ou 6 ans, il faut leur expliquer que leur corps leur appartient et que bien que ce soit normal, ce geste est un acte intime qu'il ne doit pas pratiquer en public, mais plutôt dans leur intimité. Il ne faut pas non plus confondre intimité (dans sa chambre) et « en cachette ». Il s'agit de faire comprendre à l'enfant que ce n'est pas le geste qui est inapproprié, mais le contexte dans lequel il se produit. Il faut l'aider à faire la distinction entre privé et public, bref à devenir un brin pudique. L'enfant a besoin qu'on lui fixe un cadre ou des limites à appliquer.

Ce comportement devient par contre anormal s'il devient envahissant et que l'enfant n'a plus d'autres intérêts (masturbation compulsive). Dans de tels cas, il y a lieu de chercher ce qui le pousse vers cet excès et à consulter si nécessaire.

Doit-on éviter de se montrer nu devant nos enfants ?

Sans tomber dans les tabous, il n'est pas souhaitable de se montrer nu devant un enfant de plus de 3 ans. Il s'agit ici de respecter ou d'introduire une certaine notion de pudeur.

Nous devons également refuser à notre enfant (qui est possiblement en pleine phase du complexe d'Œdipe), qu'il touche aux seins de maman ou aux organes génitaux des parents. (Voir « Un jour, je vais me marier avec toi, Maman ! », page 219). Nous devons lui expliquer que ces parties nous appartiennent. Bref, il faut éviter d'encourager l'exhibitionnisme et faire en sorte que notre enfant comprenne que la nudité est une affaire d'intimité, *sans pour autant tomber dans l'excès*. Si la nudité devient tabou, l'enfant se sentira mal par rapport à sa propre nudité, risquant de créer un malaise profond au moment de se dévêtir dans les vestiaires, par exemple.

« Comment on fabrique des bébés ? »

Les psy-trucs

1. L'éducation sexuelle de notre enfant commence dès le jeune âge en nommant les parties génitales sans gêne, comme on le ferait pour les autres parties du corps.
2. Attendre que notre enfant pose des questions avant de parler de sexualité (ne pas aller au-devant de sa curiosité sexuelle).
3. Ne pas hésiter à répondre aux questions posées (éviter de se faufiler). S'il pose la question, c'est qu'il est prêt à recevoir une réponse.
4. Donner des réponses courtes, simples et claires adaptées à son âge (pas de longues explications ou de cours magistral).
5. Utiliser des livres/histoires pour nous aider dans notre démarche.
6. Dans le cas des jeux sexuels (jeu du « docteur »…), éviter les réactions excessives qui donneraient l'impression que c'est « sale » ou honteux. Les enfants sont à la découverte de leur corps.
7. Il est important *de ne pas interdire ni culpabiliser* la masturbation. Expliquer que c'est un acte intime que l'enfant doit pratiquer dans son intimité (sa chambre).

Mon enfant a un ami imaginaire !

Les questions que tout parent se pose :

* Est-ce normal que mon enfant ait un ami imaginaire ?
* Pourquoi a-t-il besoin d'un ami imaginaire ?
* Dois-je le laisser faire ? Dois-je entrer dans son jeu ? Comment réagir ?

Depuis quelque temps, Maxime, 3 ans, parle beaucoup de son nouvel ami « Sacha » qui l'accompagne partout et qui lui raconte ses exploits, ses bons coups, ses mauvais coups... D'ailleurs, le petit Maxime parle couramment à ce nouvel ami et lui partage ses joies, ses peines ainsi que ses petits secrets (à voix basse !). Il joue avec lui, le gronde et le punit même à l'occasion ! Bref, « Sacha » est un ami fidèle... mais qui n'existe pas !

Est-ce normal que mon enfant ait un ami imaginaire ?
La création d'un ami imaginaire est très fréquente et apparaît généralement vers l'âge de 3 ou 4 ans. Il se présente généralement sous trois formes : les amis invisibles, les animaux invisibles (chien, chat, souris) ou des objets ou personnages qu'ils rendent vivants (poupées, toutous...). Cette situation déconcertante peut parfois nous sembler inquiétante comme parents, mais il n'y a pas de crainte à avoir, *c'est tout à fait normal dans ce groupe d'âge*.

Ce phénomène n'est donc pas relié à un quelconque « problème », mais plutôt à une forme d'imagination débordante et saine en soi. L'ami imaginaire ne constitue pas non plus une « hallucination » puisque l'enfant sait ou se doute bien qu'en réalité ce personnage n'existe pas vraiment, mais il se plaît bien à y croire !

On constate que près de deux enfants sur trois auront, à un moment donné de leur vie, un ami imaginaire. L'*intensité* et la *durée* de

Mon enfant a un ami imaginaire !

cette phase varient beaucoup d'un enfant à l'autre. Certains parents ne s'en rendront pas compte alors que d'autres n'auront guère le choix et devront l'accepter, allant même jusqu'à leur faire une petite place au quotidien ! Il est courant de voir un enfant demander à maman de préparer une collation de plus pour son ami, de bien lui attacher sa ceinture de sécurité dans la voiture, de laisser la veilleuse allumée dans sa chambre, non pas pour lui mais pour son ami qui a parfois peur etc. Ce personnage, qui soit dit en passant a l'avantage d'être toujours disponible et de pouvoir disparaître à souhait, peut donc faire partie intégrante de la vie de notre enfant et, par la même occasion, des parents ! Mais n'ayez crainte, ce nouvel ami ne « s'incrustera » pas pour bien longtemps puisqu'en général, ce phénomène s'estompe graduellement, surtout avec l'entrée à la maternelle (période pendant laquelle l'ami imaginaire fait souvent place à de vrais amis, bien réels !).

Selon certaines études, la présence d'amis imaginaires est plus fréquente chez les garçons et plus particulièrement chez les aînés ou les enfants uniques (qui ont parfois moins d'occasions d'entrer en relations avec des amis de leur âge). De plus, chaque enfant crée son ami imaginaire basé sur son propre caractère, ses aspirations et son imagination. Il est ainsi possible, par le biais de cet ami, que les parents puissent en apprendre davantage sur la vie intérieure de leur enfant (découvrir ce qui peut l'inquiéter, découvrir ses désirs ou ses besoins...).

Enfin, soulignons que l'invention d'un ami imaginaire chez les enfants plus âgés (6 à 12 ans) peut être reliée à des moments de trouble ou d'incertitude intenses. Il serait alors souhaitable de consulter auprès de professionnels.

Pourquoi a-t-il besoin d'un ami imaginaire ?
L'ami imaginaire peut jouer un rôle important dans le développement de l'enfant et dans son exploration du monde. Cet ami peut l'aider à se découvrir et à trouver sa propre identité. Grâce aux amis imaginaires, notre enfant peut « vivre » dans la peau de différents personnages et voir avec lequel il se sent le mieux. L'ami imaginaire peut aussi être vu

Les psy-trucs de 3 à 6 ans

comme un *objet de transition* qui permet de faire le pont vers son indépendance, tout comme l'était la doudou pour bien des enfants entre 1 et 4 ans. (Voir le livre *Les psy-trucs pour les enfants de 0 à 3 ans*.)

La création d'un ami imaginaire peut provenir de différentes sources.

Besoin de socialisation
Surtout chez les enfants uniques ou les enfants qui sont peu en contact avec d'autres amis. Quoi de mieux alors que de s'en inventer à notre guise, un ami qui a en plus l'avantage d'être toujours disponible quand on en a besoin et qu'on peut faire disparaître comme bon nous semble!

Besoin de palier certains événements affectifs importants
Les amis imaginaires peuvent aider un enfant à faire face à certaines situations stressantes, par exemple : un déménagement, l'arrivée d'un petit frère ou d'une petite sœur, la mort de son chien ou chat, la séparation des parents... Cet ami lui permet alors de partager ses émotions sans aucune retenue.

Besoin d'extérioriser ses sentiments
L'ami imaginaire devient alors une véritable soupape d'évacuation et lui permet de « liquider » ses émotions sans retenue. L'enfant fait alors appel à son ami dès qu'il ressent le besoin de l'informer de certaines contrariétés ou de partager des sentiments de culpabilité qu'il pourrait ressentir suite à un comportement qu'il sait inadéquat (et dont il pourra attribuer la faute à son ami!).

Mon enfant a un ami imaginaire !

À cet âge, les enfants font de plus en plus face aux exigences du monde adulte et aux règles familiales. Devant toutes ces contraintes, un enfant quelque peu soumis aura peut-être tendance à se créer un ami qui sera plus rebelle. Cet ami pourra alors exprimer de l'opposition, *son propre besoin d'opposition,* et ce, sans entrer directement en conflit avec maman ou papa. Génial, non ?

Une imagination débordante !

L'ami imaginaire peut simplement être une expression parmi tant d'autres de l'imagination très florissante de notre enfant. Cela correspond à cette phase (3-4 ans) caractérisée par une vie imaginaire saine et fertile. Il est d'ailleurs approprié de laisser notre enfant nager dans ce monde dans lequel on retrouve aussi princesses, héros, Père Noël, fée des dents... Quoi de mieux que de se projeter dans ce monde magique et profiter de ces beaux moments qui ont tant meublé notre enfance !

Dois-je le laisser faire ? Dois-je entrer dans son jeu ? Comment réagir ?

Pour les parents confrontés à cet ami virtuel, il n'est pas si simple d'adopter la bonne attitude entre les deux excès : entrer pleinement dans son jeu ou ignorer complètement cet « ami » ? C'est une question de bon dosage et de limites personnelles.

Les psy-trucs de 3 à 6 ans

Ne pas interdire ou ignorer l'ami imaginaire

Ridiculiser ou disputer son enfant qui persiste à croire en son ami imaginaire est inutile. Les phrases du genre « Arrête donc tes bêtises ! » ou « Je ne veux plus que tu me parles de ton ami, c'est ridicule ! » sont à proscrire. Laissez-leur ce petit monde qui caractérise tant l'enfance et qui leur est si bénéfique puisqu'il développe leur esprit de créativité qui sera toujours utile dans l'avenir.

Il ne faut pas non plus ignorer complètement leur monde imaginaire. Il faut au contraire s'y intéresser mais *avec modération* : Être à l'écoute de ce que l'ami imaginaire a à dire, sans y participer activement.

Être à leur écoute !

Laisser notre enfant *parler avec* son ami imaginaire (lors des périodes de jeu, à la table ou dans l'auto, par exemple) et en profiter pour tendre l'oreille.

Laisser également notre enfant *nous parler* de son ami. Éviter de dire : « Maintenant, tu arrêtes de me parler de lui ! » ou « Ne me dérange pas avec ton ami, ce qu'il dit ne m'intéresse pas. »

Ce qu'il faut retenir, c'est que dans les deux cas, il *s'exprime* et, par conséquent, on se doit d'être attentif et de prendre conscience que ce qu'il verbalise peut être riche en informations.

Ne pas oublier que laisser notre enfant parler de son ami, c'est bien souvent le laisser parler *de lui*. Cela peut nous aider à en savoir plus sur ses préoccupations, ses émotions, ses désirs ainsi que sur ses joies et ses peines. Par conséquent, un comportement d'indifférence des parents fera en sorte que l'enfant risque de ne pas se sentir écouté ou compris.

Mon enfant a un ami imaginaire!

Les parents peuvent donc se poser la question : « Qu'est-ce qu'il essaie de nous dire au travers de son ami ? »

Exemple 1
Maxime : « Maman ! Sacha dit qu'il ne veut pas aller chez tante Hélène parce qu'il a peur de son chien. » (Il exprime sa propre crainte du chien.)
Mère : « Bon, alors dis à Sacha que je vais prévenir Hélène et que le chien sera gardé en laisse le temps qu'il s'habitue à lui. O.K. ? »

Exemple 2
Maxime : « Papa ! J'ai grondé Sacha parce qu'il a couru dans les escaliers toute la journée. » (Il exprime son sentiment de culpabilité, il regrette ce qui s'est passé.)
Père : « Vous le savez bien que c'est interdit ! J'espère que tu vas lui dire de ne plus recommencer parce que c'est dangereux. »

Exemple 3
Maxime : « Sacha ! Ne fais pas ça ! Tu le sais que ma Maman ne veut pas que tu la déranges pendant qu'elle allaite mon petit frère. » (Il exprime que ça ne lui plaît pas de devoir suivre cette consigne et qu'il voudrait bien pouvoir coller sa mère malgré tout !)
Mère : « Mais non, toi et Sacha pouvez venir me voir mais doucement et sans crier. »

Éviter de le traiter de menteur ou de le punir

Il faut éviter de traiter notre enfant de menteur lorsque celui-ci remet obstinément la faute d'une bêtise sur son ami. Dans le cas d'un dégât ou d'un mauvais comportement dont Maxime remet obstinément la faute sur son ami « Sacha », le parent devra éviter de le gronder. Il est suggéré d'en profiter pour passer son message indirectement. Par exemple, expliquer à Maxime que son ami Sacha n'a pas eu une bonne idée et qu'il devrait être grondé pour cela.

En fait, vous savez bien que dans une telle situation, votre enfant est conscient qu'il a fait une bêtise. Il se sent coupable mais en même temps, en mettant la faute sur son ami Sacha, *il vous montre qu'il essaie de se distancer de ce comportement*.

Il faut donc simplement rappeler à l'enfant les règles que lui *et son ami* doivent respecter.

Éviter de trop jouer le jeu : c'est *SON* monde imaginaire

Encore une fois, il faut laisser notre enfant vivre sa relation imaginaire mais avec modération. Il est assurément déconseillé de vouloir trop entrer dans son jeu ou faire semblant d'y croire autant sinon plus que lui ! L'enfant sait en quelque sorte que son ami est imaginaire (ce n'est pas une hallucination !), mais a tout de même besoin que ses parents renforcent ou confirment les limites du vrai et de l'imaginaire.

Il s'agit plutôt de s'en servir pour comprendre ou faire passer des messages, sans plus.

Il est aussi déconseillé aux parents de s'adresser directement à cet ami imaginaire et même suggéré d'avouer candidement à notre enfant que nous ne le voyons pas.

Mon enfant a un ami imaginaire!

Demeurer vigilants!
Finalement, les parents doivent demeurer vigilants et éviter que cette relation imaginaire ne dure trop longtemps ou ne prenne toute la place au point d'empêcher l'enfant de jouer avec d'autres amis (de vrais!). Dans un tel cas, il vaudra mieux consulter un spécialiste. Après tout, son ami imaginaire a sûrement le goût de jouer avec d'autres enfants lui aussi!

Bref, il faut simplement réaliser qu'il est normal et sain que notre enfant se crée un monde imaginaire. Il est souhaitable qu'en tant que parents nous acceptions cet ami imaginaire, que nous soyons attentifs à ce que notre enfant exprime à travers lui et prendre conscience que cet ami disparaît généralement aussi vite qu'il est apparu, pour être remplacé par de vrais amis, en chair et en os!

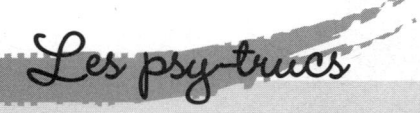
Les psy-trucs

1. Accepter qu'il soit normal que notre enfant ait un ami imaginaire. Plus de la moitié des enfants de 3 à 5 ans vivent une telle relation.
2. Éviter de punir ou disputer notre enfant qui persiste à croire en son ami imaginaire. L'enfant risque de ne pas se sentir écouté.
3. Éviter de trop entrer dans son jeu ou de faire semblant d'y croire autant sinon plus que lui! Notre enfant « sait » ou se doute bien que son ami est imaginaire, mais ce monde lui appartient!
4. Être attentif à ce que notre enfant verbalise au travers de son ami imaginaire. C'est souvent une expression de ses propres sentiments ou désirs.

« Je suis Superman ! »
Les jeux de rôle

Les psy-trucs de 3 à 6 ans

> *Les questions que tout parent se pose :*
> * Quels sont les jeux favoris de nos enfants (3-6 ans) ?
> * Comment ces jeux peuvent-ils être bénéfiques pour eux ?
> * Et les jeux de guerre : doit-on les tolérer ?
> * Doit-on encourager les jeux de rôle et comment ?

« Regarde Maman ! Je suis une princesse ! » « Attention ! Je suis Batman et je suis très fort ! » « Regarde Maman, je suis une madame… comme toi ! »

Quels sont les jeux favoris de nos enfants (3-6 ans) ?

À partir de 3-4 ans, on voit apparaître chez nos enfants un goût marqué pour les jeux de *rôle* ou d'*imitation*, un intérêt qu'ils conserveront probablement jusqu'à environ 8 ans. À cet âge, tout ce qui leur permettra de se déguiser leur plaira beaucoup. Jouer au pompier, jouer à la maman ou à la princesse, jouer au superhéros, traverser l'univers, pourchasser les méchants et sauver le monde grâce à leurs pouvoirs. Voilà le monde qui les fascine tant ! Ces jeux leur permettent de s'identifier à un adulte ou à un personnage et d'en acquérir toutes les forces, les caractéristiques et les pouvoirs ! Assez attrayant, non ?

Ainsi, on peut faire une certaine distinction entre les jeux de rôle et les jeux d'imitation proprement dits :

* **Jeux d'imitation :** Ce sont des activités dans lesquelles l'enfant tente d'imiter le monde qui l'entoure, des jeux à « faire semblant ». Il reproduit ce qu'il voit dans son quotidien, les modèles d'adultes. Bref, il joue à être « Grand » : Faire semblant de cuisiner sur la cuisinière-jouet, faire semblant de conduire l'auto

« Je suis Superman ! »

de papa, faire de la construction à l'aide d'outils-jouets, jouer à la coiffeuse...
* **Jeux de rôle :** Il s'agit des jeux associés à la reproduction de personnages souvent irréels tels que fées, princesses, monstres, superhéros, justiciers... Non seulement ils peuvent s'identifier à eux, mais ils peuvent aussi s'imprégner de leurs qualités, leurs forces et leurs pouvoirs !

Ce qui est commun à ces deux formes de jeux est bien évidemment le *déguisement*. La majorité des enfants de cet âge adorent se déguiser. C'est l'occasion de devenir quelqu'un d'autre et de se laisser aller dans des histoires merveilleuses. Le déguisement en soi devient un jeu très important dans la vie de nos tout-petits, il les aide à grandir !

Comment ces jeux peuvent-ils être bénéfiques pour eux ?
L'enfant joue presque toujours. Les jeux caractérisent l'enfance, ils en font partie intégrante et sont nécessaires pour l'équilibre de l'enfant. Au-delà du jeu, c'est une activité qui est primordiale et significative pour le développement intellectuel, affectif et physique de l'enfant.

Les jeux d'imitation : vouloir être « grand »
Jouer au docteur, jouer à la maman qui prend soin de bébé ou qui fait la cuisine, jouer au mécano ou au menuisier, porter les souliers de maman ou faire semblant de parler au téléphone cellulaire, comme papa ! Voilà des jeux d'imitation communs chez les enfants qui leur permettent de *faire semblant d'être grands*.

Il est à noter que les premières personnes à être imitées sont souvent les parents ou les personnes proches de leur entourage.

Ces jeux contribuent positivement au développement de notre enfant.

* Permettent à l'enfant de faire les premiers apprentissages de la vie en société, d'en prendre conscience (les différents métiers,

professions...). Il peut ainsi mieux comprendre le monde dans lequel il vit et la relation qui existe entre les individus.
* Permettent d'apprendre certaines activités ou tâches d'adultes. L'enfant qui parle au téléphone, fait le ménage, gribouille sur un bout de papier la liste d'épicerie, fait semblant de lire le journal ou de réparer la porte... assimile ainsi une multitude d'informations qui l'aident à mieux comprendre son environnement. Il peut ainsi apprivoiser, petit à petit, le monde de l'adulte et se rassurer en l'imitant ou en l'imaginant *pour un moment* (et redevenir un enfant quand bon lui semble!).
* Aident à gérer les tensions quotidiennes. Tous les jours, l'enfant est soumis à de nombreuses contraintes. Les jeux d'imitation l'aident à mieux les comprendre et les accepter en les intégrant dans ses jeux. L'enfant a alors le loisir non pas de subir les règles et les interdits, mais de les donner! «Non, Melia, tu ne peux pas boire dans le salon, Maman ne veut pas», dit-elle en jouant avec sa poupée Melia.
* Aident à gérer les frustrations ou les conflits. Par les jeux d'imitation, l'enfant va reproduire certaines tensions ou conflits qui le préoccupent et ainsi apprendre à les gérer ou même les régler. «Non, non, Papa ne peut pas jouer avec toi ce soir, Papa a trop de travail», dit le petit Jérôme en faisant semblant, comme son papa, de parler dans un téléphone cellulaire.

Les jeux de rôle et les déguisements
Au-delà des jeux d'imitation proprement dits se trouvent les jeux de rôle caractérisés par l'imitation de personnages fantaisistes : fées, princesses, superhéros, monstres... Les fêtes d'enfants ou l'Halloween sont des événements propices aux déguisements et aux jeux de rôle qui permettent bien des choses.

* Stimuler leur imagination (dans leur choix de déguisement ou de leur personnage).

« Je suis Superman ! »

* Favoriser leur esprit créatif en devenant quelqu'un d'autre. Leur personnage et leur costume invitent aux jeux dramatiques, à découvrir ou à explorer une gestuelle inhabituelle (façon dont leur personnage parle, marche, bouge…) et à improviser des scénarios !
* Aider à surmonter certaines peurs. Lorsque Rosalie porte un costume de fantôme ou se transforme en méchante sorcière, elle apprivoise, petit à petit, sa propre peur. Il est aussi étonnant de voir que Maxime n'a pas peur d'aller dans le sous-sol lorsqu'il porte sa cape de Superman !
* Procurer un sentiment de puissance. Un enfant timide pourra enfin s'imposer, s'affirmer et prendre sa place derrière son déguisement du Roi Lion ou de Batman !
* Offrir la possibilité d'avoir des comportements normalement « interdits » ou réprimandés : jouer à être méchant et à faire peur… c'est tellement libérateur !

Il est d'ailleurs intéressant de laisser le soin à notre enfant de choisir le déguisement qu'il désire. Cette liberté peut être très révélatrice *de ce qu'il ressent*. La petite Sonia qui décide d'être une merveilleuse princesse… afin de pouvoir séduire papa et se marier avec lui. (Voir « Un jour, je vais me marier avec toi, Maman ! », page 219.) Le jeune Thomas qui se déguise en grand magicien afin de pouvoir faire revenir à la vie son chien Foxy ! Soyons donc à l'écoute de ce que nos enfants expriment à travers le choix ou même les paroles de leur personnage.

Quand ces superhéros prennent toute la place !
Bien des parents s'inquiètent de voir leurs enfants (particulièrement les garçons) se passionner tant à jouer ou à s'identifier à des superhéros. Rien de plus normal cependant. À leurs yeux, ils incarnent les bons (contre les méchants), le bien (contre le mal). Ils sont toujours

intelligents, braves, forts, rapides. Ils sont sûrs d'eux et personne ne leur dit quoi faire ! Ils sont amusants et sont aimés de tous !

Bref, ces superhéros jouent un rôle important dans la croissance de nos enfants en leur permettant de s'approprier ces caractéristiques tant désirées et d'accéder à un autre monde, imaginaire, où tout est permis et possible. Ils ont ainsi l'occasion de vivre des situations ou des fantasmes qu'ils ne peuvent pas ou n'osent pas réaliser dans la réalité. Ils expriment ainsi leurs désirs et peuvent, momentanément et inoffensivement, les « vivre » à souhait !

L'intervention des parents est par contre requise afin de s'assurer que les valeurs transmises par le personnage sont adéquates ou lorsque l'enfant cherche seulement à imiter les comportements violents de son héros (et surtout s'ils se produisent au-delà du jeu). Il est très sain de laisser notre enfant évacuer son agressivité dans ces jeux de rôle, mais ce comportement ne doit certainement pas se reproduire dans la réalité. Il faut que l'enfant fasse la distinction entre le jeu et la réalité. Fixez des limites réalistes à l'enfant et aidez-le à développer la maîtrise de soi... comme un vrai héros !

Il est aussi suggéré de surveiller la place que prend le jeu de rôle dans la vie de notre enfant. Un équilibre doit exister entre l'imaginaire et le réel. Si l'enfant n'arrive plus à se « décoller » de son personnage et à fonctionner normalement dans la vie bien réelle, une intervention est requise. Il est alors conseillé de limiter les périodes pendant lesquelles il aura droit de se consacrer à son superhéros (en jeu ou à la télé...). Il est aussi souhaitable de chercher ce qui le pousse à « fuir » le quotidien et à s'évader autant dans son ou ses personnages.

Et les jeux de guerre : doit-on les tolérer ?

Bien des enfants (surtout les garçons) sont passionnés par les jouets de guerre, les pistolets, les arcs et les flèches. Il ne faut pas s'en inquiéter outre mesure. Presque tous les petits garçons aiment jouer avec les

« Je suis Superman ! »

fusils et simuler la guerre ou les combats. Bien malins les parents qui réussiront à proscrire ces jouets : leurs enfants trouveront certainement le moyen de se fabriquer des armes en Lego, en bois ou utiliseront simplement leurs doigts en guise de fusil ! Preuve que cela constitue bel et bien un attrait commun, naturel et purement symbolique.

Voici quelques éléments à considérer :

* À travers les jeux de guerre, les garçons expriment leurs pulsions d'agressivité *naturelle*. En jouant à la guerre, ils extériorisent les peurs, colères, conflits ou tensions qui les contrarient. Vaut mieux canaliser cette agressivité dans le jeu imaginaire et inoffensif.
* Ne refusez pas que votre enfant participe à ces jeux, de peur d'engendrer chez lui un tempérament violent ou dominateur. Interdire systématiquement à votre enfant d'exprimer ce besoin de libérer ses pulsions peut l'amener à refouler son agressivité. En interdisant complètement cette forme de jeu à notre enfant qui en exprime le besoin, nous risquons de voir apparaître des comportements d'agressivité envers les autres ou de fortes oppositions. Pour ceux qui éprouvent plus de difficulté à s'affirmer, ces jeux peuvent les aider à apprendre à se défendre et amoindrir certains comportements de passivité ou de soumission.
* Les jeux de guerre permettent également aux garçons de pousser leurs limites et de gagner de l'assurance. Ils ont constamment ce besoin de s'extérioriser, se mesurer aux autres, se valoriser, se comparer, se défier entre eux. Or, ces jeux de guerre répondent bien à ce besoin.
* La phase des jeux de guerre correspond à cette période de leur vie ou les garçons découvrent leur appartenance sexuelle. Ces jouets leur permettent d'affirmer leur virilité : le sentiment de puissance que procure le fait d'être un héros de guerre, un justicier ou simplement celui qui protège sa maman ! Ce besoin de

renforcer son identité sexuelle est tout aussi naturel chez la jeune fille qui se plaît à se peigner et se regarder dans le miroir !
* Respectez leur besoin de jouer à ce type de jeu, mais veillez à imposer des périodes de la journée acceptables ou une limite de temps afin d'éviter que cela ne devienne le seul type d'activité pratiquée. Normalement, autour de 7 ou 8 ans, les jeux de guerre ne constituent plus une façon de s'affirmer. L'enfant apprend à le faire par la parole et il pourra déplacer son besoin d'affrontement vers des activités sportives (arts martiaux, football, hockey…).

Ne soyez donc pas trop ferme envers votre enfant qui exprime le goût d'avoir des jouets de guerre. Plus vous essaierez de les contrôler (ou de les interdire), plus vous risquez de renforcer leur attrait !

Doit-on encourager les jeux de rôle et comment ?

Les jeux de rôle, d'imitation et les déguisements sont des activités très stimulantes. Il est fortement recommandé de les favoriser ou encourager. Voici quelques idées :

* Surtout pour les plus jeunes, se procurer des accessoires (jouets) permettant d'imiter les grands : cuisinière, trousse de maquillage, coffre à outils, tondeuse, sac à main, accessoire de coiffure, téléphone… Pendant que vous ferez vos gestes quotidiens, votre enfant pourra vous imiter avec ces propres accessoires-jouets.
* Se procurer des accessoires de déguisement (chapeaux, étoile de shérif, baguette magique, casque de pompier, accessoires de docteur, couronne…)
* Lors du ménage de la garde-robe, conservez les vêtements, chaussures, chapeaux ou autres items un peu spéciaux ou très colorés qui feront des merveilles auprès de l'imagination de nos enfants.

« Je suis Superman ! »

* Réserver un coin déguisement ou un bac à déguisement dans lequel l'enfant pourra retrouver tout ce qu'il lui faut afin de laisser libre cours à son imagination.
* Ces divers éléments devraient idéalement se retrouver dans un endroit visible et accessible, près de nous au quotidien (tout comme le sont la télévision ou l'ordinateur !). Un bac à costumes ou une cuisinière-jouet placés en retrait dans un coin de la maison risquent peu de susciter l'intérêt de l'enfant !

Il est également souhaitable que les parents participent ou du moins initient ce genre d'activités afin de motiver l'enfant. L'implication des parents peut favoriser la communication et les échanges, pouvant même les amener à découvrir certains aspects ou certains traits de personnalité de leur enfant encore jusque-là inconnus !

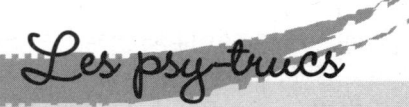

Les psy-trucs

1. Prendre conscience que les jeux de rôle et les déguisements constituent des activités qui stimulent l'imagination et contribuent favorablement au développement de nos enfants.
2. Encourager les jeux d'imitation : ils imitent les adultes et cela les aide à grandir.
3. Être attentif à ce que les enfants verbalisent à travers leurs imitations ou leurs choix de rôles. Ils peuvent extérioriser certains besoins ou certaines contrariétés.
4. Favoriser ces jeux imaginaires à l'aide d'un modèle-jouet (coffre à outils, trousse de maquillage) et d'accessoires de déguisement. Leur créer un coin ou un bac à déguisements accessibles.
5. Respecter le besoin de nos enfants de canaliser leur énergie ou leur agressivité dans les jeux. Contrôler la durée et l'intensité, simplement. C'est une question d'équilibre.

C'est l'heure de la sieste !

Les questions que tout parent se pose :

* La sieste est-elle essentielle pour tous les enfants ?
* Jusqu'à quel âge les siestes et de quelle durée ?
* Comment faciliter ce repos ?
* Devrais-je insister s'il refuse de faire la sieste ?
* Et si la sieste l'empêchait de dormir le soir ?

Bien que la sieste soit normale pour les enfants en bas âge, celle-ci est souvent remise en question lorsque notre enfant atteint l'âge de 3 ou 4 ans. Il arrive un jour ou l'autre où nous sommes tous confrontés, comme parent ou intervenante en milieu de garde, au fameux débat de la sieste. Certains enfants vont refuser de faire la sieste (et vont par conséquent déranger plus souvent qu'autrement le reste du groupe), alors que d'autres en ressentent réellement le besoin et ne se font pas prier pour la faire !

La sieste est-elle essentielle pour tous les enfants ?
Si nous, comme adultes, pouvons résister à l'appel de Morphée en milieu de journée, il en va tout autrement de nos tout-petits qui sont en plein développement et qui sont en constant apprentissage dans ce monde à découvrir. Malheureusement, bon nombre d'enfants manquent de sommeil. Les enfants se lèvent parfois tôt pour aller à la garderie ou à la maternelle, ils passent leur journée dans un milieu souvent bruyant et tumultueux, dans un contexte de groupe dont les consignes sont multiples. Ensuite, le retour à la maison peut être tout aussi agité et occupé, ce qui oblige parfois les parents à coucher leurs enfants un peu plus tard que d'habitude. Résultat : des heures de sommeil manquantes qui s'accumulent et un enfant qui devient de plus en plus irritable à mesure que la semaine avance. Pas surprenant qu'une nuit de

C'est l'heure de la sieste !

sommeil ne suffise pas et que les siestes soient essentielles voire incontournables pour récupérer.

La sieste est indispensable pour l'équilibre de notre enfant en bas âge. Elle lui permet de refaire le plein d'énergie afin d'affronter plus adéquatement le reste de la journée.

> ### Sieste : origine du mot
> Le mot sieste vient de l'expression latine *sexta hora*, qui signifie « la sixième heure (du jour) ». Ce repos était donc prévu six heures après le lever du soleil, au milieu de la journée.
>
> Il est prouvé que le *début de l'après-midi* est propice à la somnolence, et ce, à tout âge. C'est une période (entre 13-14 heures) qui n'est pas favorable à une bonne activité cérébrale... Alors pourquoi ne pas en profiter pour somnoler ?

La sieste constitue un moment de calme et de repos récupérateur pour notre enfant ; elle agit de façon importante sur son développement. La sieste (le sommeil en général) favorise l'apprentissage de l'enfant et permet d'assimiler adéquatement tout ce qu'il aura appris ou enregistré précédemment. Selon plusieurs chercheurs, le sommeil contribue au développement du cerveau de notre enfant qui, à cet âge, subit une grande réorganisation des neurones. Cette réorganisation est particulièrement active pendant le sommeil et permet d'améliorer le processus de perception, la mémoire ainsi que le processus d'apprentissage de l'enfant. Le sommeil favorise aussi les hormones de croissance.

Il est aussi prouvé que les enfants qui manquent de sommeil ont davantage de difficulté à se concentrer, agissent de manière plus impulsive, sont plus irritables, sont hypersensibles et risquent plus de présenter des troubles de comportement. On le sait bien : un enfant fatigué peut rapidement devenir pleurnichard et irritable... même nos petits anges à nous !

Jusqu'à quel âge les siestes et de quelle durée ?

Naturellement, le besoin de sommeil ou de détente varie d'un enfant à l'autre et on se doit comme parent ou intervenant de respecter cette différence. Ce besoin décroît évidemment à mesure que notre enfant s'approche de l'âge scolaire (au même titre que les siestes du matin qui sont graduellement disparues). Mais jusqu'à quel âge seront-elles nécessaires ? On pourrait répondre à cela : « Tant que le besoin s'en fait sentir. » Il y a des enfants qui en ressentent encore le besoin au-delà de 5 ans !

La majorité des enfants ressentiront le besoin d'une sieste jusqu'à environ 3 ou 4 ans. Puis vers 4 ans, certains commencent à se manifester et à exprimer leur réticence à les faire. Il est alors important, sans bannir complètement la sieste, d'accepter de modifier nos règles : Demandez alors à l'enfant de s'allonger et de se relaxer en écoutant par exemple jusqu'à la fin le CD de musique de détente ou en consultant son livre préféré, en silence. En fait, le problème des siestes survient plus particulièrement lorsqu'on *exige* de l'enfant qu'il dorme ou demeure allongé sans bouger, sans parler, sans faire le moindre bruit, et ce, pendant de longs moments. Bien qu'il soit facile pour un enfant de 2 ans de dormir deux heures, il en va tout autrement pour un grand de 4 ans qui ne ressent plus ce besoin et pour qui demeurer tranquille pour une si longue période devient un véritable supplice ! C'est habituellement à ce moment que les problèmes de comportement peuvent apparaître.

La durée de la sieste ou de la détente doit donc être réaliste selon l'âge de l'enfant et selon le type d'activités faites pendant la journée. La durée suggérée aux enfants de moins de 4 ans est d'environ deux heures alors que le minimum devrait être d'environ 30 minutes pour nos plus grands. En fait, si notre enfant s'endort, l'idéal est de le laisser se réveiller par lui-même (ce qui nous indique que nous avons comblé son besoin personnel de sommeil). Par contre, si cette durée dépasse 2 h 30-3 h, mieux vaut aider un peu la nature afin de ne pas nuire au sommeil nocturne. Si vous le voyez bouger ou se retourner,

C'est l'heure de la sieste!

profitez-en pour le réveiller en lui chuchotant doucement quelques mots à l'oreille ou encore, allumez graduellement les lumières, ouvrez les rideaux, la porte... Il en va de la qualité de son dodo du soir!

Comment faciliter ce repos?

Il est important de favoriser un moment de détente ou de sommeil en après-midi chez la plupart des enfants d'âge préscolaire. Afin de faciliter notre tâche dans l'acceptation de notre enfant à la sieste, il serait intéressant de favoriser les conditions suivantes.

- Un environnement calme, avec peu de stimuli visuels.
- Une pièce à la lumière tamisée.
- Des objets familiers (toutou, doudou, couverture préférée...).
- Faire la sieste toujours à la même période du jour, pas nécessairement dans le silence absolu.
- Offrir une activité tranquille à ceux qui ne ressentent pas le besoin ou l'envie de dormir: poupée, livres...
- Faire jouer une musique douce (associer la période de la sieste à un moment de tranquillité).

Il faut également être à l'écoute de notre enfant pour qui l'heure de la sieste n'est peut-être pas appropriée. Nous avons tous un cycle de sommeil différent. Alors que le meilleur moment est généralement entre 12 h et 13 h, certains enfants peuvent ressentir ce besoin avec un certain décalage. Il est ainsi conseillé d'être attentif aux signes d'endormissement: les yeux qui «piquent», les doigts dans la bouche, le regard qui fixe, la tendance à être «dans la lune»... Ces signes sont révélateurs et peuvent indiquer leur besoin de passer à la sieste.

Devrais-je insister s'il refuse de faire la sieste?

Notre enfant n'a manifestement pas le besoin ou l'envie de dormir? Il est inutile de le forcer à faire une sieste, au risque de provoquer une situation de confrontation. Il faut transformer cette période de sieste en une période de détente, tout simplement. Ce qui veut dire pas de télévision ou de jouets bruyants. On peut lui demander de s'allonger et de vaquer à des occupations paisibles (« lire » des livres, jouer avec son toutou ou sa poupée préférée, écouter paisiblement la musique...). S'il a besoin de sommeil, il finira par s'endormir sinon il sera au moins reposé.

Il est également possible, à partir de 5 ou 6 ans, que notre enfant ne ressente vraiment plus le besoin de se reposer. S'il reste calme en fin de journée, d'humeur égale, disposé à faire des jeux ou des activités sans irritation, sans faire preuve d'impatience et qu'il se couche sans faire d'histoire, c'est peut-être le signe qu'une période de détente serait plus appropriée pour lui qu'une sieste.

Et en milieu de garde ?

La garderie est un milieu exigeant et fatigant pour nos enfants. Les règles et les consignes sont plus nombreuses qu'à la maison, les niveaux d'activité, de bruit et d'interaction sont plus élevés. C'est un milieu très stimulant qui fait en sorte que les moments de repos en après-midi sont peut-être plus nécessaires que pendant la fin de semaine à la maison. Ce repos devient donc important afin de permettre aux enfants (tout comme au personnel !) de changer temporairement le rythme et de récupérer. Une période minimum de 30 minutes et maximum d'environ 2 heures est suggérée, selon l'âge.

Bien que ces périodes soient généralement obligatoires, certains enfants vont résister et rendre la vie difficile à ceux qui veulent dormir et... aux éducatrices ! Il est alors recommandé d'éviter de forcer ces enfants à dormir et favoriser plutôt un moment de détente. La plupart des garderies demandent, même aux grands de 4 ou 5 ans, une période de sieste/détente (minimum 30 minutes), sachant tous les bienfaits d'un tel moment de repos pour leur corps et leur cerveau. Certains enfants s'endorment (signe qu'ils avaient besoin de sommeil malgré

C'est l'heure de la sieste !

> tout !) alors que d'autres vont résister. Pour ces derniers, il serait peut-être judicieux de leur présenter ce moment comme une période de relaxation ou de détente qui pourra être suivie d'une activité tranquille pendant que les autres complètent leur sieste (« lecture » de livres, casse-tête, coloriage...).

Et si la sieste l'empêchait de dormir le soir ?

En général, les siestes n'interfèrent pas avec le dodo du soir. Si votre enfant s'endort lors de la sieste d'après-midi, *c'est qu'il en a besoin*. Ce sommeil est bénéfique pour son développement et si nous avons à cœur le bien-être de notre enfant, c'est à nous de respecter ce besoin et de le combler adéquatement. Si vous constatez que sans sieste, votre enfant s'endort plus rapidement le soir, c'est probablement parce *qu'il est épuisé* et en manque de sommeil. Il est probable aussi que cette carence de sommeil se traduise par une humeur maussade ou irritable, ce qui n'est guère plaisant en fin de journée, au moment ou on voudrait passer un peu de temps avec notre enfant !

Certaines études démontrent que près de 60 % des parents ont des problèmes à coucher leur enfant le soir, peu importe s'il y a eu sieste. D'ailleurs, contrairement à ce qu'on pourrait penser, un enfant qui ne fait pas de sieste peut tout autant s'opposer au dodo du soir, une opposition qui risque même d'être plus difficile à gérer, puisqu'il sera possiblement plus irritable et impatient ! La seule différence réside sur le *temps d'opposition* qui devrait être moindre pour les enfants sans sieste. Ces derniers sont épuisés et s'envoleront probablement plus rapidement au pays des rêves !

La majorité des enfants n'aiment pas aller se coucher parce qu'ils se sentent frustrés d'avoir à cesser leurs activités si captivantes pour se retrouver seuls dans leur chambre. Pour d'autres, il représente un moment angoissant ou peu attrayant, puisque cela signifie de s'éloigner de papa et maman. Normal que nos enfants veulent y échapper ! La période du dodo peut donc devenir un véritable défi ou marathon de négociations : « 5 minutes encore », « J'ai faim, j'ai soif, j'ai envie... ». Il est alors important d'instaurer une routine du dodo qui sera rassurante et apaisante pour l'enfant et qui permettra de rendre cette étape plus intéressante pour lui.

Malgré tout, il est possible qu'une sieste puisse avoir un impact sur l'endormissement le soir *si elle est faite trop tard dans la journée*. La sieste devrait normalement débuter entre 12 h 30 et 13 h et se terminer au plus tard vers 15 h, sous peine d'empiéter sur le sommeil nocturne.

La sieste peut également avoir un impact sur le sommeil en soirée pour les plus grands (5-6 ans) dont les besoins de sommeil sont moins importants. Une période de repos ou de détente est quand même souhaitable. Même s'ils ne dorment pas, il est malgré tout nécessaire qu'ils aient un moment de tranquillité à mi-journée afin de réduire le niveau d'excitation pour passer à un moment de calme et de relaxation (loin du bruit et de la dynamique de groupe).

C'est l'heure de la sieste !

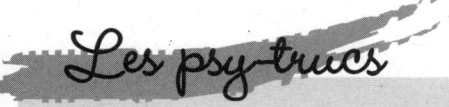
Les psy-trucs

1. Prendre conscience que le sommeil est primordial au développement de notre enfant (développement du cerveau, acquisition des connaissances, mémoire et croissance).
2. Si notre enfant dort pendant la sieste d'après-midi, c'est qu'il en a besoin. Il comble un manque de sommeil.
3. Adapter la durée de la sieste en fonction de l'âge : de 30 minutes minimum (4-6 ans) à environ 2 heures (3-4 ans).
4. Favoriser des conditions intéressantes pour la sieste : un environnement calme, avec peu de stimuli visuels, lumière tamisée, musique de détente, avec des objets familiers (toutou, doudou, couverture préférée).
5. À moins que celle-ci soit faite trop tard ou soit trop longue, les siestes n'interfèrent pas avec le dodo du soir.
6. Pour ceux qui ne veulent pas dormir, la sieste doit devenir une période de détente et de relaxation souhaitable et bénéfique (moment de tranquillité à mi-journée qui réduit le niveau de stress ou d'excitation, une pause du bruit et de la dynamique de groupe).

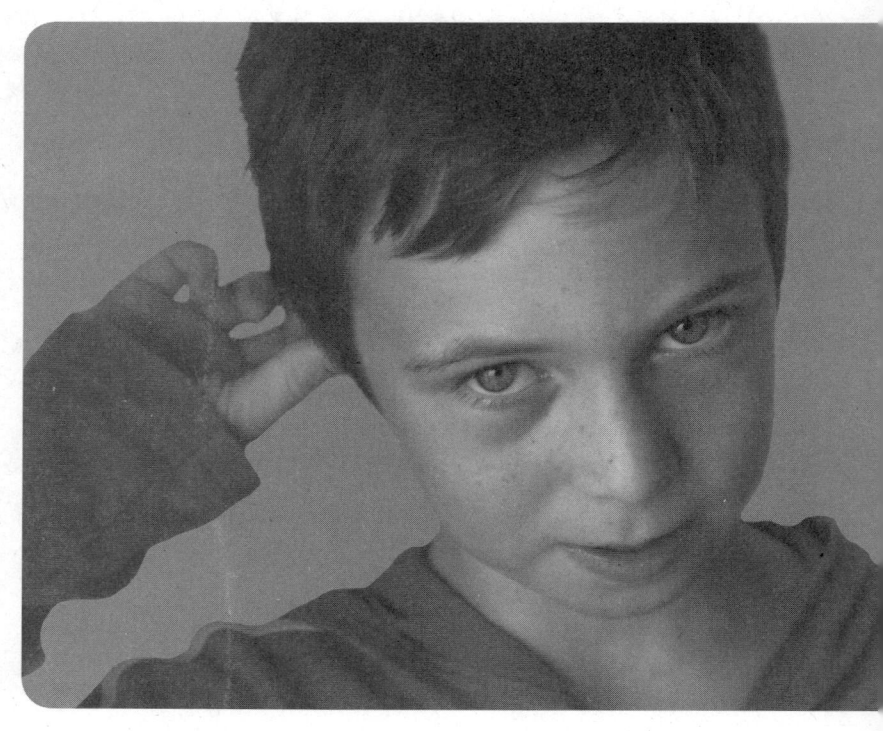

« Je le jure...
C'est pas moi...! »
Les mensonges

Les questions que tout parent se pose :

* Est-ce que tous les enfants racontent des mensonges ?
* À quel âge un enfant commence-t-il à mentir ?
* Pour quels motifs nous racontent-ils ces mensonges ?
* Comment réagir devant leurs mensonges ?

Sarah fait tomber la lampe. Elle regarde sa mère et dit : « C'est pas moi, elle est tombée toute seule ! » Émile conte avec fierté à ses amis qu'il a fait le tour du monde. Tous les parents sont, un jour ou l'autre, confrontés à ces petits mensonges qui nous amènent inévitablement au constat suivant : la vérité ne sort pas toujours de la bouche des enfants ! Mais faut-il s'en inquiéter pour autant ?

Est-ce que tous les enfants racontent des mensonges ?

La réponse est oui. C'est inévitable, tous les enfants raconteront un jour ou l'autre des mensonges. Cela fait partie du développement normal de l'enfant qui commence à peine à distinguer la réalité de la fiction. Entre 3 et 6 ans, nos enfants ont une imagination fertile, ils adorent les histoires et le monde imaginaire qui occupent tant cette étape importante de leur développement psychique. Les enfants ont donc naturellement tendance à déformer les faits, à en rajouter, à inventer des histoires et à croire dans une certaine mesure à ce qu'ils racontent.

Il y a donc un bon côté à ces petits mensonges. C'est le signe d'un bon développement intellectuel et une démonstration de la créativité de notre enfant qui décrit une situation de la façon qu'il souhaiterait la voir plutôt que la réalité. D'ailleurs, les enfants très créateurs ou curieux seront plus disposés à avoir ce comportement. N'ayez crainte, ces mensonges ou petites déformations de la réalité ne révèlent pas nécessairement un trait de caractère et ne feront pas d'eux des menteurs ou des mythomanes pour autant !

À quel âge un enfant commence-t-il à mentir ?
En bas âge, on ne parle pas vraiment de mensonges, mais plutôt de fabulation. Les tout-petits ont du mal à différencier la fiction de la réalité et le monde imaginaire prend toute la place, ce qui les amène naturellement à déformer la réalité. Bien sûr, nos tout-petits nous envoient parfois des réponses toutes innocentes et inconscientes, du genre « Non ce n'est pas moi qui ai fait ça, c'est ma poupée », mais cela constitue plutôt un réflexe naturel de protection, une façon d'éviter des réprimandes ou un jugement négatif. C'est la « pensée magique » qui s'opère : notre enfant prête à ses propos ou à ses pensées un pouvoir imaginaire et tout puissant *qu'il croit et désire sincèrement,* ce qui déforme inévitablement sa perception de la réalité. Il ne ment donc pas tout à fait consciemment.

En fait, lorsque l'on fait référence au mensonge proprement dit, il faut d'abord connaître la vérité, désirer la cacher à quelqu'un puis ensuite faire preuve d'imagination pour inventer le mensonge. Cet exercice réfléchi demande une certaine maturité intellectuelle que les enfants peuvent atteindre seulement vers l'âge de 6 à 7 ans.

Pour quels motifs nous racontent-ils ces mensonges ?
Les enfants de ce groupe d'âge ne mentent pas dans le but de tromper volontairement leurs parents, éducatrices ou amis, mais pour se protéger. La vérité et la fiction se confondent et ils utilisent la pensée magique pour essayer de se sortir des situations embarrassantes. Plusieurs raisons peuvent les pousser à mentir ou déformer cette réalité.

La peur de la punition
C'est la raison la plus courante. L'enfant qui invente des histoires suite à un mauvais comportement ou une bêtise *veut se protéger* de l'image que nous aurons de lui, du jugement ou des conséquences qui suivront.

Les psy-trucs de 3 à 6 ans

Si nous faisons constamment craindre les punitions ou nos réactions excessives à nos enfants, nous allons encourager les mensonges. (Pourquoi avouer si le résultat automatique est la punition ou la colère ?)

Il faut donc éviter les réactions démesurées et les grondements interminables. Lorsque Sébastien clame que ce n'est pas lui qui a cassé la lampe du salon, il veut simplement nous dire qu'il n'a pas fait exprès. Lorsque Mélia veut nous faire croire que ce n'est pas elle qui a mis de la gouache sur le mur, elle veut nous dire qu'elle sait que ce n'est pas bien, elle le regrette et elle veut que nous sachions qu'elle n'est pas une mauvaise fille pour autant !

Dans de tels cas, il faut éviter le bras de fer de la vérité et chercher à tout prix à faire avouer à notre enfant sa culpabilité. Donnez-lui la chance d'avouer son mensonge mais sans trop insister : « Tu es sûr de ce que tu dis là ? ». S'il avoue, félicitez-le sinon, faites-lui simplement réparer son geste sans humiliation. (Utilisez la réparation comme conséquences. Voir « Va dans ta chambre ! », page 145.) Par exemple : « Tu ramasses tout maintenant » ou « Bon maintenant, tu vas m'aider à nettoyer ce mur. »

L'envie de nous plaire

Entre 3 et 5 ans, ce qui est le plus difficile pour un enfant n'est pas de mentir, mais de contrarier ou de faire de la peine à ses parents ou éducatrices. Certains enfants qui ont un peu plus de difficulté à se sentir acceptés des parents mentiront donc afin de s'assurer leur bonne grâce, avoir leur attention et se sentir aimés. Par exemple : Maxence, loin d'être sportif, affirme qu'il est le meilleur dans les sports à l'école, parce qu'il sait que son père en serait bien fier. Florence clame que ce n'est pas elle qui a frappé son petit frère de 1 an, mais plutôt son amie Léa, parce qu'elle sait très bien que sa maman serait très déçue d'elle si tel était le cas.

Notre enfant ne cherche donc pas nécessairement à nous tromper, mais simplement à nous donner la réponse que nous attendons de lui et qui nous fera plaisir. Il ne veut pas décevoir.

« Je le jure... C'est pas moi...! »

Par imitation
Nous avons tous eu des occasions d'arranger la réalité ou de conter certains petits mensonges pour nous accommoder : un malaise afin d'éviter d'aller à un rendez-vous appréhendé, une obligation familiale inventée qui nous empêche d'accepter l'invitation à souper de certains amis... Ce n'est pas toujours facile d'échapper aux mensonges !

Les enfants de cet âge construisent leur personnalité entre autres en imitant les modèles qui les entourent. Il faut donc donner l'exemple en tant que parents. En n'étant pas authentiques, surtout envers ou en présence des enfants, nous leur donnons l'occasion de copier ce modèle.

Dans les situations plus délicates (mort d'un proche, annonce d'une maladie, divorce, mort de son chien adoré), il faut éviter de cacher la vérité à notre enfant. Vaut mieux lui en glisser un mot sans donner tous les détails. De toute façon, l'enfant le sentira qu'il y a un problème et percevra la tension.

Par besoin d'impressionner
L'enfant veut impressionner en exagérant ses bons coups, en racontant des histoires peu probables ou en modifiant la réalité afin de se mettre en valeur. « Ma maison est aussi grande qu'un château. » Il a l'impression qu'il doit en mettre plein la vue pour qu'on s'intéresse à lui, ce qui dénote un manque d'attention, de confiance ou d'estime de soi.

Punir l'enfant pour ce genre de mensonge ou fabulation n'est certainement pas la solution. Il faut plutôt tenter de saisir le message et renforcer sa confiance et son estime de soi. (Voir « Je suis pas bon, moi ! », page 115.) Il est par contre souhaitable de rappeler à notre enfant qu'il est bon de dire la vérité et qu'il est suffisamment intéressant pour ne pas avoir besoin d'inventer de telles histoires.

Fabulation
Chez le jeune enfant, il est d'abord nécessaire de distinguer mensonge et fabulation. Il est normal qu'un enfant de cet âge, dont l'imagination est fertile, ait tendance à inventer des histoires ou de modifier la

réalité. « Maman, j'ai vu un loup dans ta chambre, mais j'ai été brave. Je lui ai dit de partir et il a eu peur de mon épée ! ». Ces histoires sont souvent perçues comme des mensonges de la part des adultes alors qu'elles devraient plutôt être considérées comme de saines manifestations de leur créativité. Dites-lui que même si vous savez que cette belle histoire est inventée, vous êtes très fier de ce chevalier !

Besoin d'alléger leur réalité
Il y a également des enfants qui auront tendance à fabuler dans le but de vouloir alléger leur propre réalité. Par exemple, Julien raconte qu'il a plein d'amis à l'école, alors qu'il est plutôt solitaire ou même victime de rejet ; Naomie affirme qu'elle fait tout plein d'activités et de voyages avec ses parents, à tous les week-ends, alors que ces derniers sont séparés depuis 2 mois.

Ce comportement traduit une difficulté à exprimer leurs émotions devant une situation difficile. Les enfants ressentent ainsi le besoin de modifier leur réalité et de s'inventer un monde qui les rassure un peu. Il faut être attentif à ces mensonges qui révèlent un mal-être de notre enfant et pour lequel nous devons intervenir et ouvrir le dialogue.

Il ment comme il respire !
Il y a des enfants pour qui le mensonge fait partie du quotidien. Certains vont mentir à tout le monde (par manque d'attention ou d'estime de soi) alors que d'autres vont surtout mentir à une ou deux personnes (par peur ou pour s'en protéger). Cette situation peut aussi être due à une situation personnelle ou familiale intolérable.

Des mensonges constants ou trop fréquents doivent nous inciter, comme parents, à réfléchir sur les raisons qui poussent notre enfant à cacher la vérité, puisque c'est évidemment un symptôme d'un problème ou d'un mal-être de notre enfant. Une consultation auprès d'un professionnel pourrait être souhaitable.

Comment réagir devant leurs mensonges ?

Bien que les mensonges soient inévitables et tout à fait normaux dans leur développement, les tout-petits ne savent pas naturellement mentir ou n'en sont pas véritablement conscients, s'ils le font. Leurs petits mensonges ou fabulations ne traduisent pas une volonté consciente de vouloir nous cacher la vérité, mais plutôt un réflexe naturel de protection, une façon d'éviter des réprimandes ou un jugement négatif. *C'est notre façon de réagir devant leurs histoires qui fera en sorte qu'ils conserveront ou développeront ou non cette tendance.*

Éviter les punitions ou réactions excessives

Gronder ou punir sévèrement l'enfant engendre souvent d'autres mensonges.

La colère des adultes et les punitions sévères ne font généralement qu'encourager ce besoin de cacher la vérité, par peur ou par besoin de protection. Vaut mieux faire comprendre à notre enfant qu'en disant la vérité, il ne sera pas grondé et qu'il sera possible d'arranger les choses ensemble.

Éviter d'obtenir à tout prix des aveux

Il faut éviter de faire sortir la vérité à tout prix de la bouche de notre enfant (même lorsque vous savez pertinemment qu'il ment). « As-tu fait ça ? Je veux que tu me dises la vérité, est-ce toi ? » De tels interrogatoires soutenus le pousseraient justement à vouloir mentir. Devant une telle pression, sa crainte ne fera qu'augmenter et il aura instinctivement tendance à maintenir son mensonge par peur des représailles. Dites-lui simplement que vous le savez qu'il ment ou que c'est lui qui a fait la bêtise et faites-lui réparer son geste, sans humiliation. En agissant ainsi, votre enfant aura probablement moins peur d'avouer la vérité la prochaine fois !

Ne jamais humilier l'enfant et éviter de le traiter de menteur

« Tu mens et tu le sais ! » « Tu es un menteur ! » Ces phrases sont lourdes de conséquences et n'aideront certainement pas notre enfant à bâtir son estime de soi. Un enfant est un être en construction et tout ce que vous lui dites contribue à façonner l'image qu'il a de lui-même. De tels propos renforcent donc, dans son esprit, la caractéristique de menteur ce qui aggravera la situation. Mieux vaut essayer de comprendre ce qui pousse notre enfant à vouloir cacher la vérité que de le juger sans quoi nous risquons de lui laisser croire qu'il a perdu notre confiance, ce qu'il faut éviter à tout prix.

Ne pas ignorer ou faire semblant qu'il dit la vérité
Il faut éviter d'être indifférent aux mensonges de nos enfants ou préférer simplement croire qu'ils disent la vérité (c'est moins de troubles ainsi). Les protéger ou camoufler leur mensonge ne ferait que les encourager à maintenir ce comportement.

Décrire ce qui est observé et faire réparation
Dites simplement ce que vous avez observé : « Tu le sais qu'il est interdit d'écrire sur le mur » et appliquez une conséquence adéquate telle que la réparation ou la réflexion. Cela permet à l'enfant de tourner la page et de garder son estime et son lien de confiance avec vous.

Le féliciter s'il avoue son mensonge
Si votre enfant reconnaît son mensonge, félicitez-le, c'est un acte qui demande du courage. Faute avouée est à moitié pardonnée, n'est-ce pas ? Puis complétez votre intervention avec calme.

Le féliciter quand il dit la vérité (renforcement positif)
Si votre enfant dit la vérité, sans avoir eu recours au mensonge, félicitez-le (renforcement positif). Montrez-lui que vous êtes fier de son aveu et que ça vous fait plaisir. Les enfants de ce groupe d'âge veulent nous faire plaisir et s'ils perçoivent que votre satisfaction d'apprendre la vérité est plus forte que votre réaction négative devant le geste commis, alors ils auront naturellement tendance à dire la vérité. Ils vont comprendre que la franchise est la meilleure solution.

« Je le jure... C'est pas moi...! »

Il est clair que la meilleure façon de diminuer les mensonges est d'améliorer la relation de confiance parent-enfant. Plus l'enfant est capable de communiquer avec ses parents, moins il ressent le besoin de mentir. Dans le cas où l'enfant a des parents très punitifs ou contrôlants, il aura tendance à mentir pour se protéger ou se garder une certaine liberté. En retenant plutôt le côté positif d'un aveu, nous solidifions la relation de confiance avec notre enfant. De même, en cherchant à comprendre ce qui se cache derrière un mensonge, nous pouvons aider davantage notre enfant (les mensonges sont souvent le reflet de leurs besoins ou de leurs craintes). Par exemple, Frederic affirme à ses amis qu'il a lui aussi un gros chien et qu'il l'a dressé lui-même. Voilà l'occasion de profiter de ce petit mensonge pour lui parler de son désir d'avoir un chien (au lieu de le réprimander d'avoir monté toute cette histoire).

En tant que parents, nous devons apprendre à contrôler notre déception et éviter de s'inquiéter ou pire encore de se sentir trahis par ces petits mensonges sans grandes conséquences. Il faut encourager l'honnêteté, essayer de gagner la confiance de nos enfants, et ce, en évitant les réactions excessives ou les punitions abusives en cas de mensonges.

Les psy-trucs de 3 à 6 ans

Les psy-trucs

1. Prendre conscience que les mensonges sont tout à fait normaux dans le développement de nos tout-petits (qui sont dans une période marquée par une imagination débordante).
2. Éviter les punitions ou réactions excessives. Bien des enfants mentent par peur des punitions ou des représailles des parents.
3. Éviter d'obtenir à tout prix des aveux. Donner simplement à l'enfant la chance d'avouer son mensonge, sans trop insister, puis lui faire réparer son geste, sans humiliation.
4. Ne jamais humilier l'enfant et éviter de le traiter de menteur. Sinon il façonnera cette image de lui, ce qui aggravera les choses.
5. Le féliciter s'il avoue avoir menti ou s'il vous dit simplement la vérité (renforcement positif).

« Un jour, je vais
me marier
avec toi, Maman ! »

Le complexe d'Œdipe

Les psy-trucs de 3 à 6 ans

> ### Les questions que tout parent se pose :
> * **Qu'est-ce que le complexe d'Œdipe ?**
> * **Comment savoir que notre enfant est dans son complexe d'Œdipe ?**
> * **Est-ce une phase normale chez tous les enfants ?**
> * **Comment doit-on réagir ?**

Votre fille de 4 ans aime très fort son papa au point de vous laisser complètement de côté ? Votre fils ne cesse de donner des câlins ou des bisous à sa mère et supporte difficilement de voir son père en faire autant ? Il vous lance des phrases telles que « Quand je serai grande, je vais me marier avec toi », « C'est moi qui aime Maman ! » ? N'ayez crainte, ils sont probablement dans une phase importante de leur vie que l'on appelle le complexe d'Œdipe.

Qu'est-ce que le complexe d'Œdipe ?

Le complexe d'Œdipe est cette phase d'attachement intense (et parfois même excessive) que les enfants vivent entre 3 et 6 ans envers le parent du sexe opposé. C'est le besoin d'établir une relation privilégiée et fusionnelle envers le parent du sexe opposé qui peut même se traduire par une rivalité envers le père (pour les garçons) ou la mère (pour les filles).

Origine du concept

Le complexe d'Œdipe a été identifié par Freud en 1910 afin de décrire un phénomène affectif (voire sexuel) vécu par les garçons envers leur mère. Freud emprunte ce nom à un mythe de l'Antiquité grecque, tiré d'une pièce de Sophocle intitulée *Œdipe-Roi*. Dans cette pièce, Œdipe, qui a été

« Un jour, je vais me marier avec toi, Maman ! »

abandonné à sa naissance, est amené à tuer son père (qu'il ne connaît pas) et à épouser sa mère (allant même jusqu'à lui faire des enfants) !

Il est à noter que le penchant féminin de cette manifestation envers le père est souvent appelé le complexe d'Électre, bien que complexe d'Œdipe tend aujourd'hui à être employé pour les deux sexes.

La phase du complexe d'Œdipe est donc une période d'attachement intense qui débute vers l'âge de 3 ans et s'estompe progressivement vers l'âge de 6 ans. On désigne aussi de plus en plus fréquemment cette période comme étant la « *Phase d'identité sexuelle* ».

Durant cette période, l'enfant développe son identité sexuelle, il en prend progressivement conscience et manifeste de plus en plus de la curiosité par rapport à *sa* sexualité. Il s'identifie alors aux modèles masculins et féminins qui l'entourent (ses parents principalement). L'enfant ressentira donc le désir ou le besoin *d'imiter le parent du même sexe que lui*. Les garçons par exemple s'identifieront progressivement au père et voudront l'imiter au point même de vouloir prendre sa place auprès de maman (et de vouloir l'épouser !). Le père est alors perçu comme un rival avec qui il est en compétition pour l'amour de maman !

C'est donc une autre phase de développement parmi toutes celles que l'enfant doit vivre de façon à se découvrir et développer sa propre identité.

Et lorsque le père ou la mère ne sont pas présents ?

L'enfant qui n'aura pas sa mère ou son père dans son entourage cherchera une autre personne proche pour remplir ce rôle (la tante, la grande cousine, le nouveau conjoint, le parrain, un ami de la famille...). Ce sera une personne adulte qui sera importante dans la vie de l'enfant (dans son quotidien). Il est à noter que les grands-parents sont rarement choisis pour jouer ce rôle (étant donné la grande différence d'âge).

Comment savoir que notre enfant est dans son complexe d'Œdipe ?

Cette phase d'identification sexuelle se manifeste par des comportements généralement assez évidents.

Exemples

- Amélie aime très fort son papa, au point de toujours faire appel à lui, au détriment de la mère. (« Non, pas toi, je veux que ce soit Papa ! »)
- Jonathan ne cesse de donner des câlins ou des bisous à sa mère et supporte difficilement de voir son père en faire autant.
- Léa se « déguise » en portant les vêtements ou le maquillage de maman (pour séduire son père) : « Papa, est-ce que tu me trouves belle dans ma robe ? »
- Raphaël veut embrasser sa mère sur la bouche.
- Chloé cherche à séparer ses parents quand ils se donnent des câlins ou quand ils se collent un peu trop (jalousie).
- Les enfants lancent des phrases telles que : « Quand je serai grande, je vais me marier avec Papa », « C'est moi qui aime Maman ! », « Non, pas toi ! Je veux juste jouer avec Maman ! ».
- Les enfants cherchent à entrer dans l'intimité sexuelle des parents (par exemple, en pénétrant sans frapper dans leur chambre ou en se glissant dans leur lit à la moindre occasion).
- À la table, Christophe veut prendre la place normalement désignée au père (surtout en son absence !).
- Antoine éprouve de la joie quand son père est absent (parce qu'il se retrouve « en exclusivité » avec sa mère).
- Stéphanie fait du charme à son papa, veut attirer son attention et cherche toutes les occasions de se blottir dans ses bras ou se faire prendre, etc.

« Un jour, je vais me marier avec toi, Maman ! »

Est-ce une phase normale chez tous les enfants ?
Si votre enfant a un ou plusieurs des comportements mentionnés précédemment, il ne faut surtout pas s'inquiéter puisque c'est simplement l'indication d'une saine évolution de sa personnalité. Il est passé à une autre étape de sa vie et ressent maintenant le besoin de découvrir sa sexualité. Il s'agit d'une étape essentielle dans le développement de l'*identité sexuelle* de l'enfant.

Bien que tous les enfants passent par cette étape dans leur vie, celle-ci est vécue bien différemment d'un enfant à l'autre. Pour certains, elle passera presque inaperçue alors que pour d'autres, elle sera très intense. Une manifestation évidente et franche va se traduire par des comportements qui peuvent parfois être dérangeants pour les parents ou nous mettre mal à l'aise (vouloir embrasser maman sur la bouche, vouloir se coller trop intimement sur maman ou papa...). Ces comportements nécessitent alors une intervention soutenue de notre part.

Comment doit-on réagir ?
L'enfant qui vit son complexe d'Œdipe est en recherche de son identité sexuelle et les parents sont les principaux guides dans cette quête. Certains comportements nécessiteront une intervention des parents afin de l'aider à bien comprendre que certains gestes ne se font pas entre parent et enfant et l'aider à faire la distinction entre l'amour qu'on lui porte et l'amour mari-femme (entre adultes).

Il ne faut surtout pas encourager ces comportements (même si c'est parfois flatteur pour maman ou papa !). Les parents doivent plutôt saisir ces occasions afin de remettre les choses en perspective, corriger ou reformuler les sentiments que l'enfant éprouve envers eux. Cette correction doit évidemment être faite avec délicatesse (sans gronder l'enfant), pour ne pas qu'il se sente soudainement rejeté ou coupable. C'est une question de jugement et de bon dosage. Il faut reconnaître l'amour que notre enfant nous porte, mais ne pas donner l'impression que *cette forme* d'amour est possible. « Je le sais que tu veux être mon amoureux mon petit cœur, moi aussi je t'aime beaucoup mais tu sais que mon amoureux, c'est Papa »). Cette distinction devra être comprise par l'enfant, cela fait partie de son apprentissage.

Pistes d'intervention

* Ne pas réagir avec sévérité ou gronder notre enfant afin d'éviter qu'il se sente coupable, rejeté ou inhibé.
* Toujours intervenir. Ne pas être indifférent face à ces gestes ou paroles. Ne pas non plus les banaliser (en rire ou trouver ça tout simplement cocasse !).
* Expliquer les comportements reprochés avec délicatesse mais de façon constante. Il faut simplement que les parents lui fassent sentir qu'il y a des gestes qui ne se font pas entre parent et enfant : « Si tu veux me faire un câlin, c'est comme ça… », « Si tu veux me donner des becs, c'est sur la joue ou le front. Les becs sur la bouche sont réservés à Papa. » « Non ma grande, on ne s'assoit pas en califourchon sur Papa. »
* Expliquer à l'enfant qu'il ne pourra jamais se marier avec son père ou sa mère et qu'un jour, il trouvera lui aussi une personne qu'il aimera et avec qui il pourra se marier.
* Reformuler ses propos clairement : « Mais non, tu n'es pas mon amoureux. Tu le sais que je t'aime, mais mon amoureux, c'est ton père. »
* Dans le cas où il cherche à vous séparer lors de vos câlins ou qu'il exprime de la jalousie, lui expliquer que ce n'est pas une bonne idée, que c'est normal que papa et maman s'aiment et que ça ne les empêche pas de l'aimer lui aussi (mais différemment).
* Dans le cas de marques d'affection trop « intimes » de votre enfant, lui expliquer qu'on ne fait pas cela et que c'est réservé aux amoureux.
* Ne pas laisser l'enfant entrer dans des rôles de remplacement du père ou de la mère, surtout quand ces derniers sont absents

« Un jour, je vais me marier avec toi, Maman ! »

(**exemple**: Le fils se glisse dans le lit chaque fois que papa est absent ou veut prendre sa place à la table). Ne pas hésiter à lui rappeler la présence du père : « Papa ne serait pas d'accord pour que tu dormes à sa place », « Je ne suis pas sûr que Maman aimerait que tu fouilles dans ses vêtements ou son maquillage en son absence »...

Il faut donc que les parents soient attentifs et interviennent en tout temps, mais avec délicatesse. Il faut se rappeler que ces enfants sont dans une période d'apprentissage et ils expérimentent ces nouvelles notions reliées à l'amour et la sexualité. Progressivement, ils comprendront les messages envoyés et commenceront à faire la distinction qui s'impose, ce qui est un bon cheminement dans la recherche de leur identité sexuelle.

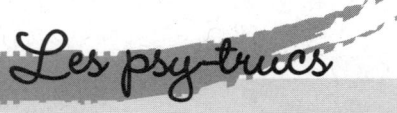

1. Comprendre que le complexe d'Œdipe (et les comportements qui s'y rattachent) est une phase normale du développement de l'identité sexuelle de notre enfant entre 3 et 6 ans.
2. Il ne faut surtout pas laisser faire ou encourager ces comportements (même si c'est parfois flatteur pour papa ou maman !).
3. Il est important d'aider notre enfant à faire la distinction entre l'amour qu'on leur porte et l'amour qui existe entre adultes.
4. Ne pas intervenir avec sévérité (ne pas gronder ou punir) afin d'éviter que l'enfant se sente coupable, rejeté ou inhibé : Il est en phase d'apprentissage après tout !
5. Expliquer tendrement et délicatement les gestes reprochés. Il faut simplement faire sentir à l'enfant qu'il y a des gestes qui ne se font pas entre parent et enfant.

« Maman, c'est quand mes vacances à moi ? »

Les psy-trucs de 3 à 6 ans

Les questions que tout parent se pose :

* Les enfants ont-ils eux aussi besoin de vacances ?
* Quels sont les impacts de ne pas en avoir ?
* Les vacances en famille : pourquoi est-ce si important ?
* Le changement de routine en vacances peut-il être néfaste ?

À l'approche de l'été, Marie-Pier, 6 ans, va bientôt terminer l'école. Elle commencera aussitôt ses « vacances » au centre de loisirs (camp de jour) de la ville où elle pourra profiter de son été en groupe, avec de nouveaux amis, et ce, du lundi au vendredi ! Jonathan, 4 ans, fréquente la garderie « Les Coccinelles » qu'il adore. Bien que les vacances estivales arrivent sous peu, Jonathan passera son été complet à sa garderie, sans interruptions. Il s'y amuse bien, aime ses éducatrices, ses amis... Alors pourquoi aurait-il besoin de prendre des vacances et se retrouver seul à la maison ? Pourquoi ressentirait-il le besoin de prendre une pause ?

Les enfants ont-ils eux aussi besoin de vacances ?
La réponse est claire : Oui. Nos tout-petits qui fréquentent la garderie ou l'école tous les jours ont tout autant besoin de vacances que nous, ils ont eux aussi besoin de réduire le rythme et de décrocher de leur milieu habituel.

On ne s'en rend peut-être pas compte, mais il n'y a pas que les adultes qui vivent un rythme de vie effréné, nos enfants aussi (du moins ils le subissent !) : le réveil, le déjeuner, la journée à la garderie ou à l'école, le retour à la maison, le souper, le bain, le coucher... Ils ont une vie très chargée et ont, par conséquent, autant besoin de vacances que nous, même s'ils ne peuvent pas le verbaliser autant !

« Maman, c'est quand mes vacances à moi ? »

Bien des enfants aiment leur garderie ou leur milieu scolaire : ils ont de nombreux amis, s'amusent beaucoup et sont enjoués des activités qu'ils y font. Malgré tout, c'est une erreur de croire qu'ils ne ressentent pas le besoin de prendre une pause et de s'évader quelque peu de cet environnement. Ce milieu est très stimulant et représente une source d'exploration, d'imagination et d'apprentissage très intense que notre enfant vit près de 8 heures par jour et selon un horaire très serré et rigide. Tout cela se fait en groupe, source d'agitation de toute part, de bruit, de cris, de pleurs, sans compter les nombreux défis que cela présente sur le plan de la sociabilité de notre enfant (qui n'en est qu'à ses débuts !). Il doit partager les objets, l'espace, la disponibilité des éducatrices, faire des compromis constants, attendre son tour, suivre les règles et les multiples consignes... Ouf ! Ne mérite-t-il pas lui aussi un petit repos, une pause, bref des vacances qui lui permettront de ralentir ce rythme et de réduire le niveau de stress ? Bien sûr que oui !

Nos enfants ont donc besoin de décrocher de cette routine, ne plus être bousculés par des horaires rigides et vivre quelque peu à l'écart des groupes et de toutes les contraintes que cela présente. Ils ont besoin de ces vacances qui leur permettent de respecter leur cycle de réveil, de faire des choses à leur rythme, de se retrouver dans leurs petites choses (relax), de prendre leur temps ou de simplement se retrouver en famille, paisiblement et confortablement !

Quels sont les impacts de ne pas avoir de vacances ?

Certains enfants n'ont pas de vacances estivales ou se retrouvent simplement à la garderie d'été ou au centre de loisirs (camp de jour). Ce sont malheureusement des milieux qui offrent le même genre d'environnement de groupe vécu tout au long de l'année, ce qui ne comblera certainement pas leur besoin d'évasion et de changement de rythme. Ces enfants qui passent toutes leurs vacances dans ce contexte finissent par devenir épuisés, agressifs et beaucoup moins motivés au retour ou à la rentrée scolaire. Certains vont démontrer des signes de fatigue évidents et auront tendance à être démotivés ou à se réfugier plus intensément dans leur monde imaginaire. Des paroles telles que « Moi aussi je veux rester à la maison avec toi Maman ! », « Je suis fatigué, je veux rester au lit », « Je voudrais aller chez Mammie à la place » sont de bons indicateurs de leur besoin de vivre autre chose.

Il faut retenir qu'une année scolaire ou en garderie est aussi exigeante qu'une année de travail. Tout comme nous, les enfants ont besoin de changer de routine pour refaire le plein d'énergie avant d'attaquer une nouvelle année. Il est important comme parents de les aider à trouver cet équilibre et combler ce besoin. Et quoi de mieux que de décrocher tous ensemble, en vacances familiales !

Les vacances en famille : pourquoi est-ce si important ?

On se promet parfois, en tant que parents, de faire plein d'activités avec nos enfants ou de rattraper le temps perdu avec eux pendant la période des vacances. Malheureusement, il arrive souvent que les obligations familiales, les travaux ménagers ou autres prennent le dessus et nous fassent passer à côté de l'essentiel : les activités ou les vacances *en famille*.

Il est important de réaliser que la période des vacances constitue un moment idéal pour prendre un peu de recul et partager des moments privilégiés en famille. Même si aucun voyage ou vacances structurées ne sont planifiés, juste le fait de passer du temps avec nos enfants pour cuisiner paisiblement un petit-déjeuner avec eux, regarder des livres, jouer dans la piscine, aller au parc, jouer à des jeux de société en famille, aller à la bibliothèque, constituent des moments qui seront un peu magiques pour eux parce que les choses ne seront pas tout à fait comme à l'habitude. Ils y prendront un plaisir assuré.

Toutes ces activités permettent aux parents et enfants de se retrouver en famille dans un contexte de plaisir et de détente tout en renforçant cette *complicité* si précieuse pour nos tout-petits. Ces moments de rapprochement familiaux sont importants pour leur estime de soi puisqu'ils leur démontrent qu'ils sont aimés, choyés,

« Maman, c'est quand mes vacances à moi ? »

appréciés, qu'ils sont importants à nos yeux, et ce, tout en augmentant leur *sentiment d'appartenance* au sein de la famille.

Tout en contribuant positivement au bon développement de notre enfant et à son équilibre, les vacances en famille permettent d'emmagasiner de merveilleux souvenirs et de créer cette atmosphère de fête qu'il est si agréable d'associer aux vacances, une tradition qu'ils voudront probablement poursuivre avec leurs propres enfants !

Le changement de routine en vacances peut-il être néfaste ?

Qui dit vacances dit chambardement de la routine familiale : absences plus fréquentes de la maison, dodos occasionnellement plus tardifs, repas irréguliers, voyages en auto, visites chez la famille, les amis... Bref, pleins de situations qui peuvent modifier les habitudes familiales et, surtout, la routine de nos tout-petits normalement planifiée au quart de tour !

Bien que les enfants aient besoin de repères stables et de leurs routines, il est très sain de les laisser profiter de leurs vacances et de vivre, pour l'occasion, un rythme de vie différent (ce qui contribue en même temps à augmenter leur capacité d'adaptation !). Il est par contre souhaitable (à quelques exceptions près ou occasions spéciales), de s'assurer que le sommeil soit suffisant et régulier. Il est donc conseillé de préserver la routine du dodo ou du moins de faire un rituel qui y ressemble : bain, petite histoire, gros câlins à Papa et Maman... Nous pouvons évidemment être plus flexibles quant à l'heure du coucher, mais assurons-nous que l'heure du réveil sera conséquente et que le nombre d'heures de sommeil est suffisant. Il en va du bien-être de notre enfant, même en vacances !

N'ayez donc crainte : au retour des vacances, votre enfant saura reprendre assez rapidement la routine et le rythme normal, probablement avec une plus grande motivation et, surtout, avec la grande satisfaction d'avoir passé des moments fort agréables en famille, des moments qui meubleront ses souvenirs pour les années à venir !

Les psy-trucs

1. Prendre conscience que nos enfants ont tout autant besoin de vacances que nous. Ils ont besoin de décrocher de la vie de groupe (de la vie sociale) intense des garderies ou de l'école et besoin de réduire le rythme.
2. Il faut leur donner l'occasion de prendre une pause leur permettant de respecter leur cycle de réveil, de faire leurs petites choses à leur rythme et de simplement se retrouver en famille, bien paisiblement.
3. Choisir le temps des vacances pour partager des moments privilégiés *en famille* : voyages ou petites activités diverses (se baigner, aller au parc, jouer à des jeux de société...). C'est sain pour la complicité, l'estime de soi et le sentiment d'appartenance dans la famille.
4. En vacances, il est normal de laisser nos enfants diverger de leur routine habituelle. Malgré tout, il faut veiller à préserver quelque peu la routine du dodo (bain, histoire...).
5. Même en vacances, s'assurer que le sommeil est suffisant et régulier (à quelques exceptions près). Nous pouvons évidemment être plus flexibles tout en s'assurant que le nombre d'heures de sommeil soit suffisant. Il en va du bien-être de notre enfant, même en vacances !

« Prêt pas prêt, j'y vais ! »
La première journée d'école

Les psy-trucs de 3 à 6 ans

> *Les questions que tout parent se pose :*
>
> * Comment bien préparer mon enfant à l'entrée scolaire ?
> * Comment se préparer pour LE grand jour ?
> * Devrais-je l'accompagner lors de cette première journée ?
> * Que devrait-on faire s'il refuse d'y aller ?
> * Comment l'aider à percevoir l'école positivement ?

Votre enfant, qui vous apparaît encore tout petit, va bientôt faire son entrée dans la « grande école ». C'est là une étape importante de sa vie qui a la particularité de nous affecter tout spécialement en tant que parents, puisqu'elle marque le début d'une séparation qui n'est pas toujours facile à vivre (pour lui comme pour nous). Quoi qu'il en soit, prêt pas prêt, il doit faire son entrée à la maternelle comme tous les enfants de son âge. Il n'en tient qu'à nous de faire en sorte que ce nouveau départ se fasse tout en douceur...

Comment bien préparer mon enfant à l'entrée scolaire ?

L'entrée à l'école est une page importante qui se tourne dans la vie de notre enfant. Elle suscitera des émotions bien partagées de sa part (comme de la nôtre) : enthousiasme, inquiétude, excitation, anxiété... Il est normal que nous soyons quelque peu inquiets de savoir si notre enfant saura s'adapter à cette nouvelle aventure ou s'il est vraiment prêt à franchir cette étape. La réponse dépend évidemment de son niveau d'autonomie, de sa sécurité affective et de son niveau de socialisation.

« Prêt pas prêt, j'y vais ! »

Sécurité affective (confiance)
Une entrée scolaire constitue une *séparation* que certains enfants ont plus de difficultés à assumer que d'autres. Il y a ceux qui hurlent, pleurent, s'accrochent désespérément à la jupe de maman et ceux qui entrent dans leur nouvelle école avec, comme simple réaction, un petit regard songeur et curieux ! Les enfants qui ont déjà fréquenté les garderies ou la prématernelle auront évidemment des réactions moins vives puisqu'ils auront déjà eu l'occasion de passer à travers ce processus de séparation (et de façon plus graduelle par surcroît).

Le niveau d'assurance et de sécurité personnelle de notre enfant est crucial dans ce processus de séparation. Est-ce que mon enfant est capable de s'adapter facilement aux changements ? Est-ce qu'il réagit bien quand il se fait garder ou quand il doit faire dodo ailleurs ? L'avons-nous surprotégé ? En surprotégeant notre enfant, on l'empêche de prendre des décisions et, surtout, de prendre des risques normaux de la vie qui font de lui une personne plus autonome et apte à faire face aux changements. Il serait donc souhaitable de multiplier les occasions de vivre de nouvelles expériences afin qu'il puisse augmenter sa capacité d'adaptation et bâtir la confiance et l'estime qui lui permettront d'affronter plus sereinement les petits défis de la vie, dont son entrée à la « grande école » !

Autonomie
L'entrée à l'école marque le début d'une étape qui nécessite un niveau d'autonomie plus important qu'à la maison ou à la garderie. La présence d'un seul professeur pour tout le groupe justifie le fait que notre enfant devra faire preuve de beaucoup plus d'initiative et d'autonomie, comme ranger son sac et sa boîte à lunch, attacher ses souliers, mettre son manteau et ses bottes, se moucher le nez, aller à la toilette... Voilà

des responsabilités que notre enfant devra être en mesure de combler *seul*, d'où l'importance de les acquérir avant l'entrée scolaire. Essayez donc, dans le quotidien, d'inciter votre enfant à s'habiller seul, à aller à la toilette seul et se laver les mains, à attacher ses souliers, prendre soin de ses effets personnels... bref l'aider à acquérir cette autonomie qui lui sera si précieuse à l'école.

Socialisation

La capacité d'entrer en relation avec d'autres amis facilite grandement l'adaptation et l'intégration de notre enfant dans le monde scolaire. Cette socialisation inclut dans un premier temps l'apprentissage des habiletés sociales de base : dire s'il vous plaît et merci, attendre son tour, apprendre à se moucher (ne pas s'essuyer avec sa manche !), s'excuser... Ce sont des règles d'hygiène, de politesse et de vie qui permettront à l'enfant de bien s'intégrer dans un groupe et d'éviter le rejet.

La socialisation est également la capacité d'entrer adéquatement en relation et de s'ouvrir aux autres. Les enfants n'ayant pas eu l'occasion d'être en contact avec des amis ou les enfants surprotégés, timides ou insécures, peuvent éprouver de la difficulté à socialiser.

Ce sont là des aptitudes que nous devrions évidemment tenter de favoriser avant la grande aventure scolaire !

Comment se préparer pour LE grand jour ?

Que notre enfant soit habitué ou non à fréquenter une garderie ou la prématernelle, l'entrée à la « grande école » demeure un moment rempli à la fois de fébrilité et de nervosité. C'est une étape teintée de multiples changements : nouvel environnement, nouveaux amis, nouveau

« Prêt pas prêt, j'y vais ! »

professeur, les dîners à la cafétéria, l'autobus... C'est pourquoi il est important de bien le *rassurer* et le préparer en douceur afin que cette première journée soit des plus positives pour notre tout-petit. Voici quelques conseils pour bien préparer cet événement.

* Essayer d'expliquer d'avance à l'enfant comment cela va se dérouler (moins d'inconnu).
* Visiter les lieux de l'école avec l'enfant (la cour de récréation, le trajet qu'il va faire, le terrain de jeux qu'il va fréquenter...). Bref une visite qui va lui permettre de se familiariser avec l'endroit et se faire une image de ce qui l'attend. Cela ne peut que le sécuriser et diminuer le stress relié à cette journée.
* Dans les semaines qui précèdent, établir une bonne routine du sommeil (heures de coucher et de réveil).
* Faire certains achats d'articles scolaires ensemble (le sac d'école des « grands », le tablier...).
* S'efforcer de toujours parler *positivement* de l'école. Adopter une attitude positive face à l'école et la transmettre à l'enfant.
* Si notre enfant est très tendu, le questionner sur ce qui l'inquiète et tenter de le rassurer.
* Utiliser des livres traitant de ce sujet. Il verra, à travers différents personnages, qu'il n'est pas le seul à avoir des craintes et qu'il est possible de les surmonter.
* Lui trouver un camarade ou un ami qu'il connaît déjà et qui l'accompagnera pendant cette grande journée (à deux, on se sent plus courageux !). Partir suffisamment en avance pour repérer un futur copain dans la cour d'école.
* La veille, préparer avec lui ses effets scolaires (son sac, les vêtements qu'il portera...).
* Le matin, le réveiller suffisamment en avance pour lui permettre de se préparer sans stress et même lui permettre de regarder ses comiques préférés avant de quitter !

* Le rassurer en lui confirmant notre présence à la fin de cette première journée (à l'école ou au débarcadère d'autobus).
* Ne pas montrer notre propre nervosité ou notre inquiétude, ce n'est guère rassurant pour l'enfant !

Devrais-je l'accompagner lors de cette première journée ?

Dans la mesure du possible, il est fortement conseillé d'être disponible pour accompagner paisiblement notre enfant dans les derniers préparatifs qui le mèneront à cette première journée d'école. C'est important pour lui de savoir que vous êtes présent dans ces moments cruciaux.

L'accompagnement jusqu'à la cour d'école est également fortement recommandé. Il faut cependant faire preuve de contrôle et éviter de tomber dans les au revoir qui n'en finissent plus ! Donnez-lui un gros bisou, souhaitez-lui « bonne journée », dites-lui que vous allez être présent à la fin de la journée, puis repartez. Si la séparation est interminable et que vous avez par surcroît ce regard inquiet, triste et les yeux remplis d'eau, votre tout-petit ne sera guère rassuré ! Bien qu'il soit normal d'avoir « le cœur gros » ou d'être inquiet, il faut essayer de se contenir pour ne pas donner l'impression à notre enfant que quelque chose de triste ou d'inquiétant est en train de se produire. Ne lui serrez donc pas trop la main !

Il ne faut pas trop s'inquiéter non plus si votre enfant pleure au moment de vous quitter, puisque généralement ces larmes sécheront bien rapidement une fois que vous serez partis. L'instituteur prendra rapidement le contrôle de la situation en établissant ce lien de confiance si rassurant.

Pour la ou les premières journées, il est recommandé d'aller chercher notre enfant après l'école et de s'assurer d'être présent *au moment de sa sortie*. Il en sera réconforté et vous lui donnerez ainsi l'occasion de vous raconter sa journée (parler de son instituteur, ses amis, ses inquiétudes, ce qu'il a le plus aimé et ce qu'il aime moins...).

Il ne faut pas oublier que tout changement provoque un niveau de stress ou d'angoisse. C'est à nous, en tant que parents, d'être présents

« Prêt pas prêt, j'y vais ! »

et attentifs à ce besoin d'être rassuré, afin que notre enfant puisse vivre cette étape le plus sereinement possible. C'est une attitude positive que tout parent devrait préserver... et pas seulement au moment de la rentrée !

Que devrait-on faire s'il refuse d'y aller ?

Il se peut bien que notre enfant refuse d'aller à l'école et qu'il soit même en situation de crise ou d'angoisse à l'idée d'y aller (ce qui donne parfois lieu à ces terribles crises dans la cour d'école !). Cette situation peut survenir plus fréquemment chez certains enfants qui n'ont jamais quitté maman ou papa ou qui n'ont jamais fréquenté la garderie. Cette première journée d'école constitue alors une séparation importante qui peut parfois être très douloureuse.

En cas de crise, notre premier réflexe sera probablement de rester près de notre enfant et tenter désespérément de désamorcer la situation (le calmer). Il faut cependant *éviter de prolonger cette intervention* puisque cela aura l'effet inverse. Notre persistance et notre grand désir (bien naturel !) de le calmer et le rassurer à tout prix lui confirmeront que ce qui se passe est « gros » et qu'il a peut-être raison de s'inquiéter ! Il faut donc opter pour une intervention brève et confier rapidement notre enfant aux soins de son professeur désigné.

Il ne faut pas non plus succomber au désir de notre enfant ne pas aller à l'école en le gardant ou en le ramenant à la maison (en se disant qu'on réessayera demain). En acquiesçant ainsi à sa demande, on lui confirme qu'il a raison. Il n'est pas prêt pour la « grande école » ! Le sera-t-il plus le lendemain ?

Dans tous les cas, il faut verbaliser clairement et fermement à notre enfant qu'il n'a pas le choix et qu'il doit faire comme tous les autres amis de son âge : « Tu es capable d'aller à l'école, tu es grand maintenant », « Allez, tu dois y aller sans moi. Les parents ne peuvent pas entrer dans la classe alors tu y vas avec ton professeur », « Tu vas voir, ça va bien se passer, ton professeur va bien s'occuper de toi et je reviens de chercher après l'école »... Il faut rassurer brièvement notre enfant (éviter d'étirer la période de contestation), confier notre enfant au professeur et *quitter simplement les lieux*. Certains enfants vont ensuite se calmer et réaliser, au fur et à mesure que la journée avance, que l'école n'est pas si pire que ça ! Pour d'autres (nos petits insécures), la période d'adaptation peut se prolonger sur plusieurs jours avant qu'ils ne réussissent à trouver leur place dans ce nouvel univers qu'ils sauront éventuellement apprécier, comme tous les autres amis de leur âge !

Comment l'aider à percevoir l'école positivement ?

Les enfants, tout comme les parents, doivent accepter l'idée que l'heure est venue d'entrer dans la grande aventure du monde scolaire. Cette aventure sera belle et mémorable, à condition que notre enfant soit bien préparé et que nous assumions adéquatement notre rôle de soutien, de « coach », de motivateur dans cette lancée.

Pour qu'un enfant aime l'école, il faut avant tout que *les parents eux-mêmes perçoivent l'école positivement* et qu'ils soient motivés devant tout ce qui s'y rattache : les devoirs, les activités parascolaires, les réunions, la correspondance, etc. Il faut éviter d'être indifférent ou, pire encore, de faire des commentaires négatifs qui étoufferaient l'enthousiasme de l'enfant. La façon dont on réagit devant l'enfant qui nous apporte, par exemple, la correspondance de l'école est très révélatrice de notre perception face à l'école. Des commentaires tels que : « Bon, c'est quoi ça encore... » ou « Dépose ça là, je n'ai pas le temps, je regarderai ça à un moment donné... » en disent long ! Les enfants perçoivent très bien ce message d'indifférence, ce qui ne les aide certainement pas à percevoir l'école positivement.

Nous avons une grande part de responsabilité face à la motivation et la réussite scolaire de nos enfants. *L'apprentissage est une notion très affective.* Les enfants ont le goût d'apprendre quand ils ressentent un gain affectif en retour tels la fierté des parents, les félicitations et les encouragements (et ce, même quand cela va moins bien !). Plusieurs études montrent d'ailleurs que plus les parents s'investissent dans l'éducation scolaire de leurs enfants, plus ces derniers obtiennent de bons résultats scolaires et sont motivés à l'école. En fait, nous devrions être aussi motivés et encourageants envers les études que nous le sommes parfois à l'égard des activités sportives de notre enfant (les estrades et les cris d'encouragement en moins!).

Les psy-trucs de 3 à 6 ans

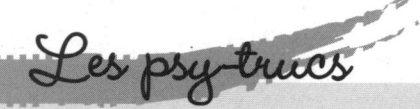

1. Bien avant l'entrée scolaire, il faut permettre à notre enfant de développer adéquatement son niveau d'autonomie, de socialisation et sa confiance en soi, afin que la séparation vécue à l'entrée scolaire se passe tout en douceur.
2. Prendre conscience que l'entrée scolaire constitue un grand changement qui peut amener son lot de stress. Il faut donc se montrer *rassurant*.
3. Visiter à l'avance les lieux de l'école avec l'enfant (la cour de récréation, le trajet qu'il va faire, le terrain de jeux qu'il va fréquenter...) et lui expliquer comment vont se dérouler les journées.
4. Lire des histoires traitant de ce sujet afin de le sécuriser.
5. Dans les semaines qui précèdent, établir une bonne routine du sommeil (heures de coucher et de réveil).
6. Dans la mesure du possible, accompagner l'enfant à sa première journée et le rassurer de votre présence à la sortie de l'école.
7. Dans la cour d'école, éviter les « au revoir » qui n'en finissent plus avec les regards inquiets, tristes et les yeux remplis d'eau. Ce n'est guère rassurant pour notre tout-petit et cela risque de lui donner l'impression que quelque chose de triste ou d'inquiétant est en train de se produire !
8. En cas de crise lors de la séparation, il faut s'en remettre au professeur. Rassurer brièvement notre enfant et quitter les lieux.
9. Pour qu'un enfant aime l'école, il faut d'abord que *les parents eux-mêmes perçoivent l'école positivement* et qu'ils soient motivés devant tout ce qui s'y rattache.

Bibliographie

* *Le père et son enfant*, par F. Dodson, Marabout.
* *La propreté*, par Emmanuelle Rigon, Bayard.
* *Pleurs et colères des enfants et des bébés*, par Aletha Solter, Jouvence.
* *Bébé pleure*, par Marcel Rufo, Hachette.
* *Bébé dort bien*, par Marcel Rufo, Hachette.
* *Fais dodo*, par Mandy Gurney et Tracey Marshall, Hurtubise.
* *Le sommeil de votre enfant*, par Anne Bacus, Marabout.
* *Bébé fait ses nuits*, par Dr Cathryn Tobin, Éditions de l'Homme.
* *Le sommeil chez l'enfant*, par Bonny Reichert, Caractère.
* *Et si on jouait ?*, par Francine Ferland, CHU Sainte-Justine.
* *Savoir dire aux enfants*, par Robert Langis, Éditions Quebecor.
* *Petit livre à l'usage des pères*, par Christiane Olivier, Fayard.
* *Lorsque l'enfant paraît (3 tomes)*, par Françoise Dolto, Seuil.

Table des matières

C'est l'heure de l'histoire ! Susciter le goût de la lecture 7
Le « roi » de la maison ? 17
« Promis ! Je ne suce plus mon pouce ! » 31
« J'ai pas faim, bon ! » Le refus de manger 39
Ils se disputent toujours ! La rivalité dans la fratrie 49
La discipline : tout un défi ! 69
« Pourquoi Papa, pourquoi ? » L'âge du pourquoi 85
« Maman, est-ce que le Père Noël existe ? »
    Le monde imaginaire de nos enfants 93
Une mauvaise journée à la garderie ! 103
« Je suis pas bon, moi ! » L'estime de soi 115
« J'ai pas sommeil ! » Le refus d'aller au lit 133
« Va dans ta chambre ! » Les méthodes d'intervention 145
« Comment on fabrique des bébés ? » La sexualité 165
Mon enfant a un ami imaginaire ! 175
« Je suis Superman ! » Les jeux de rôle 185
C'est l'heure de la sieste ! 197
« Je le jure... C'est pas moi... ! » Les mensonges 207
« Un jour, je vais me marier avec toi, Maman ! »
    Le complexe d'Œdipe 219
« Maman, c'est quand mes vacances à moi ? » 227
« Prêt pas prêt, j'y vais ! » La première journée d'école 235

Bibliographie 247

Autres sujets applicables aux enfants de 3-6 ans et traités dans le tome 1 des Psy-trucs

L'importance de la lecture: Racontez-leur des histoires! 185
L'importance de dormir dans son lit: Chacun dans son lit! 105
Le retrait de leur doudou: «C'est mon doudou!» 63
Fini la tétine: «Ma tétine dans la boîte à souvenirs?» 91
Les garderies: Comment choisir la bonne garderie? 97
Les cauchemars: «Maman, Maman! J'ai fait un mauvais rêve!» .. 121
Les crises: «Mon enfant me fait des crises:
   comment les gérer?» 139
Le partage: «C'est juste à moi, bon!» Leur apprendre
   à partager 147
L'arrivée d'un nouvel enfant: La famille s'agrandit! 169
Les peurs: «Il y a un monstre dans mon placard» 161
La fessée: Pour ou contre? «Ne me tape pas!» 193
Le père: un modèle masculin important: Le rôle du père:
   comment trouver sa place? 25

Suivez les Éditions de l'Homme sur le Web

Consultez notre site Internet et inscrivez-vous à l'infolettre pour rester informé en tout temps de nos publications et de nos concours en ligne. Et croisez aussi vos auteurs préférés et l'équipe des Éditions de l'Homme sur nos blogues !

www.editions-homme.com

Achevé d'imprimer au Canada
sur papier Enviro 100% recyclé